职业教育装配式建筑系列教材

装配式建筑概论

主　编　宋兴禹　曾跃飞
副主编　张　巍　刘　强
参　编　李琮琦　侯　琴　鲁洪涛　杨小春
　　　　项　栋　陈映海　张　丹　冯　峰

机械工业出版社

本书分为9章，第1章介绍了装配式建筑的概念和发展情况；第2章主要介绍了装配式混凝土建筑的概念、装配式混凝土结构的连接方式、装配式混凝土建筑常用预制构件及其制作以及装配式混凝土建筑的施工等内容；第3章主要介绍了装配式钢结构建筑，包括装配式钢结构建筑的概念、历史沿革、类型、生产与运输、施工；第4章介绍了装配式木结构建筑的概念、建筑类型以及装配式木结构建筑的材料、连接设计、构件制作及施工等内容；第5章介绍了装配式组合结构建筑的概念、类型及优缺点；第6章介绍了装配式建筑外围护系统，包括装配式建筑外围护系统的概念和分类、装配式建筑外墙的保温和主要类型；第7章介绍了装配式建筑的集成化设计、模数化设计、标准化设计与协同设计的内容；第8章主要讲述了BIM在装配式建筑中的应用，包括BIM的概念、工作方式及其在装配式建筑各个环节中的应用。第9章举例了装配式建筑的工程实例。

本书适合土木工程专业学生使用，也可以供装配式建筑行业相关从业人员学习和参考。

图书在版编目（CIP）数据

装配式建筑概论/宋兴禹，曾跃飞主编. —北京：机械工业出版社，2020.7（2023.8重印）
职业教育装配式建筑系列教材
ISBN 978-7-111-66207-5

Ⅰ．①装… Ⅱ．①宋… ②曾… Ⅲ．①装配式构件—职业教育—教材 Ⅳ．①TU3

中国版本图书馆CIP数据核字（2020）第137255号

机械工业出版社（北京市百万庄大街22号 邮政编码100037）
策划编辑：常金锋　责任编辑：常金锋　陈将浪　覃密道
责任校对：王　欣　封面设计：鞠　杨
责任印制：单爱军
北京虎彩文化传播有限公司印刷
2023年8月第1版第5次印刷
210mm×285mm·6.25印张·168千字
标准书号：ISBN 978-7-111-66207-5
定价：29.80元

电话服务　　　　　　　　网络服务
客服电话：010-88361066　　机　工　官　网：www.cmpbook.com
　　　　　010-88379833　　机　工　官　博：weibo.com/cmp1952
　　　　　010-68326294　　金　书　网：www.golden-book.com
封底无防伪标均为盗版　　　机工教育服务网：www.cmpedu.com

前言 PREFACE

随着我国城市化进程的加快和新型城镇化的推进，我国建筑业在技术进步和建设规模方面取得了举世瞩目的成就，建筑业在国民经济中的作用十分突出，2019年全国建筑产业总值达到248 446亿元，约占GDP（国内生产总值）的25%，是名副其实的支柱产业。装配式建筑是绿色环保节能型建筑，其主要特征为"设计标准化、构件部品化、施工机械化、管理信息化"，整合了设计、生产、施工产业链，实现了预制化生产和装配化施工，是生产力的一次显著提升，是建筑工程行业的发展趋势之一。

2017年，住房和城乡建设部印发的《"十三五"装配式建筑行动方案》提出，到2020年，全国装配式建筑占新建建筑的比例达到15%以上，其中重点推进地区要达到20%以上。装配式建筑的规模在逐年扩大，但装配式建筑人才的培养速度却不能满足要求。为了适应新形势下土木工程专业教学和装配式建筑人才培养的要求，机械工业出版社联合西安三好软件技术股份有限公司、西安建筑科技大学、沈阳建筑大学、扬州大学、重庆文理学院、广东建设职业技术学院、日照职业技术学院、贵州交通职业技术学院等企业和院校，合作编写了本套装配式建筑系列教材，具体包括：《装配式建筑概论》《装配式建筑识图》《装配式建筑施工与管理》《装配式混凝土建筑施工技术实训教程》。本系列教材由常年在一线从事装配式建筑科研和实践的教师编写完成，编写人员的专业背景涉及建筑学、结构工程、建筑施工及工程管理，均具有丰富的教学经验。

本书由宋兴禹、曾跃飞担任主编，张巍、刘强担任副主编，参加编写的人员还有李琮琦、侯琴、鲁洪涛、杨小春、项栋、陈映海、张丹、冯峰。本书在编写过程中参阅了国内外学者的有关研究成果及文献资料，在此表示感谢。同时，机械工业出版社编辑为本书的出版付出了大量心血，西安三好软件技术股份有限公司为本书的出版提供了技术支持，研究生侯琴、鲁洪涛为本书的成文付出了大量劳动，在此一并感谢。

限于编者水平，书中难免存在不足之处，恳请读者批评指正，编者邮箱为jcbxz_yzu@163.com。

编　者

目 录
CONTENTS

前言

第 1 章　绪论 1
 1.1　装配式建筑的概念和分类 1
 1.2　装配式建筑的发展历程 2
 1.3　装配式建筑的发展现状 3
 1.4　装配式建筑的发展意义 5
 思考与练习 6

第 2 章　装配式混凝土建筑 7
 2.1　装配式混凝土建筑的概念 7
 2.2　装配式混凝土建筑的历史沿革 7
 2.3　装配式混凝土建筑的类型 9
 2.4　装配式混凝土结构的连接方式 15
 2.5　装配式混凝土建筑常用预制构件 18
 2.6　装配式混凝土构件的制作 23
 2.7　装配式混凝土建筑施工 27
 思考与练习 32

第 3 章　装配式钢结构建筑 33
 3.1　装配式钢结构建筑的概念和特点 33
 3.2　装配式钢结构建筑的历史沿革 34
 3.3　装配式钢结构建筑的类型 37
 3.4　装配式钢结构建筑的生产与运输 40
 3.5　装配式钢结构建筑施工 43
 思考与练习 44

第 4 章　装配式木结构建筑 45
 4.1　装配式木结构建筑的概念 45
 4.2　装配式木结构建筑的历史沿革 45
 4.3　装配式木结构建筑的类型 48
 4.4　装配式木结构建筑的材料 51
 4.5　装配式木结构建筑连接设计简述 52
 4.6　装配式木结构建筑的构件制作 53

4.7 装配式木结构建筑施工 53
思考与练习 54

第 5 章 装配式组合结构建筑 55
5.1 装配式组合结构建筑的概念和特点 55
5.2 装配式组合结构建筑的类型 56
5.3 装配式混凝土结构和钢结构组合结构建筑 56
5.4 装配式钢结构和木结构组合结构建筑 57
5.5 装配式混凝土结构和木结构组合结构建筑 57
5.6 其他装配式组合结构建筑 57
思考与练习 57

第 6 章 装配式建筑外围护系统 59
6.1 装配式建筑外围护系统综述 59
6.2 装配式建筑外墙保温 61
6.3 装配式建筑外墙的主要类型 63
思考与练习 66

第 7 章 装配式建筑的集成化设计、模数化设计、标准化设计与协同设计 67
7.1 装配式建筑的集成化设计 67
7.2 装配式建筑的模数化设计 67
7.3 装配式建筑的标准化设计 68
7.4 装配式建筑的协同设计 69
思考与练习 70

第 8 章 BIM 在装配式建筑中的应用 71
8.1 BIM 简介 71
8.2 装配式建筑应用 BIM 的必要性和重要性 72
8.3 BIM 在装配式建筑各个环节中的应用 73
8.4 BIM 在装配式建筑各个环节中的共享 77
思考与练习 78

第 9 章 工程实例 79
9.1 装配式混凝土框架结构实例——某高层住宅项目 79
9.2 装配式混凝土剪力墙结构实例——某高层住宅项目 86
思考与练习 93

参考文献 94

第1章 绪论

1.1 装配式建筑的概念和分类

装配式建筑是指由预制构件通过可靠连接方式建造的建筑。装配式建筑有两个主要特征：
1) 构成建筑的主要构件特别是结构构件是预制的。
2) 预制构件的连接方式必须可靠。

装配式建筑具有施工速度快、节省人力、受气候条件制约小、易控制质量等显著优点。

装配式建筑具有数百年历史，对世界建筑行业具有十分深远的影响。17世纪，北美洲出现的一种采用木构架拼装的房屋，可认为是装配式建筑的雏形。19世纪，随着近代工业技术的发展，铁成为一种新的建筑材料；后来，钢结构出现在了人们的视野中。钢结构中的钢构件在工厂中铸造成型并运抵现场组装，这一种建造方式已经具备装配式建筑施工的特点，采用这种方式建造的建筑，如伦敦"水晶宫"、巴黎埃菲尔铁塔等曾轰动一时。20世纪初，一种新的建筑理念引起了人们的兴趣，法国著名建筑师Le Corbusier在《走向新建筑》一书中写道，"如果房子也像汽车底盘一样工业化地成批生产，我们将看到意想不到的健康的、合理的形式会很快出现；同时，形成一种高精度的美学。"这种像汽车一样生产的、工业化的、标准化的、功能主义的建筑，在20世纪的西方掀起一股狂潮，英国、法国、美国、加拿大、苏联等国纷纷进行了有关研究、尝试与应用，成果丰硕。

装配式建筑可按照以下方式进行分类：

1. 按材料分类

装配式建筑按结构材料分类，有装配式钢结构建筑、装配式钢筋混凝土建筑、装配式轻钢结构建筑和装配式复合材料建筑（钢结构、轻钢结构与混凝土结合的装配式建筑）。以上几种也可归类为现代装配式建筑。

与现代装配式建筑对应的就是古典装配式建筑，古典装配式建筑按结构材料分类，有装配式石材结构建筑和装配式木结构建筑。

2. 按高度分类

装配式建筑按高度分类，有低层装配式建筑、多层装配式建筑、高层装配式建筑和超高层装配式建筑。

3. 按结构体系分类

装配式建筑按结构体系分类，有框架结构、框架剪力墙结构、筒体结构、剪力墙结构、无梁板结构、预制钢筋混凝土柱单层厂房结构等。

4. 按预制率分类

装配式建筑按预制率分类，有高预制率装配式建筑（70%以上）、普通预制率装配式建筑（30%～70%）、低预制率装配式建筑（20%～30%）和局部使用预制构件装配式建筑几种类型。

5. 按结构形式和施工方法分类

装配式建筑按结构形式和施工方法分类，有砌块建筑、板材建筑、盒式建筑、骨架板材建筑，以及升板、升层建筑等。其中，骨架板材建筑是由全预制或部分预制的骨架和板材连接而成的。

1.2 装配式建筑的发展历程

装配式建筑早在 19 世纪就已经开始起步了，1851 年建成的位于英国伦敦的世界博览会主展览馆——"水晶宫"（图 1-1），是世界上第一座大型现代建筑，同时也是装配式建筑。

从 1851 年问世到 20 世纪 50 年代，在这长达 100 年的时间里，装配式建筑主要是钢结构建筑。20 世纪 50 年代以后，装配式混凝土建筑逐渐成为装配式建筑舞台上的主角，图 1-2 是我国著名建筑师贝聿铭设计的费城社会岭公寓，它是装配式混凝土建筑中的典型代表。

图 1-1 水晶宫

图 1-2 费城社会岭公寓

20世纪50~60年代是装配式建筑发展的初期阶段。第二次世界大战的破坏、城市化的发展以及难民和无家可归者的涌入，使得欧洲国家的住宅极度短缺，这为装配式建筑的发展提供了肥沃的土壤。在这一时期，法国、丹麦等西欧国家出现了各种类型的大板住宅建筑体系，如Cauus体系、Larsena&Nielsen体系等。这种体系可采用框架体系和非框架体系，主体结构构件有混凝土预制楼板和墙板。大板住宅建筑体系在德国也得到了广泛应用，德国一座四层的染料厂，采用大板住宅建筑体系，用T形板组装而成，墙板、楼板的宽度均为1.5m，楼板跨度为15m。同时期，在美国、日本以及一些北欧国家出现了一种预制盒子结构。这种盒子结构是六面体预制件，即把一个房间连同设备、装修等，按照定型模式，在工厂中依照结构形式完全制作好，然后在现场吊装完毕。这一阶段主要是建立了装配式建筑的工业化生产（建造）体系。

20世纪60~70年代是装配式建筑的发展阶段。这一阶段，随着生活水平的提高，人们对住宅舒适度的要求也随之提高；同时，通货膨胀导致房地产行业步入萧条期，专业工人的短缺进一步促进了建筑构件的机械化生产，这也直接促成了预制装配式建筑的突破。这一时期，柱子、支撑以及大跨度的楼板在框架结构体系中的运用逐渐成熟化，工业厂房以及体育场馆的建设使得预制柱，预应力I形桁架、桁条和棚顶得到了应用。

20世纪70年代以后，装配式建筑逐渐进入成熟期，随着绿色环保理念的普及，装配式建筑发展的重点变成了进一步降低住宅的物资消耗和环境负荷，发展绿色住宅并解决多样化、个性化、低碳环保等问题。在这一阶段，装配式建筑从专用体系逐步过渡到通用体系，预制与现浇相结合的体系逐步取得优势。20世纪80年代，德国出现了钢筋桁架式叠合楼板，该叠合楼板结合了全预制和现浇两者的优点，使得其在住宅和公共建筑中得到了大量的应用，目前仍被广泛应用。

1.3 装配式建筑的发展现状

1.3.1 国外现状

目前，北美洲的装配式建筑主要包括建筑预制外墙和结构预制构件两大系列，预制构件的共同特点是大型化和预应力相结合，可优化结构配筋和连接构造，减少制作和安装工作量，缩短施工工期，充分体现工业化、标准化和技术经济性特征。在美国、加拿大，大城市住宅的结构类型以混凝土装配式和钢结构装配式为主，在小城镇多以轻钢结构、木结构为主。特别是美国，住宅用构件和部品的标准化、系列化、专业化、商品化、社会化程度很高，用户可通过产品目录买到所需的产品。

欧洲是装配式建筑的发源地，一直都在积极推行装配式建筑，积累了许多装配式建筑的设计、施工经验，形成了各种专用的装配式建筑体系和标准化的通用预制产品系列。2012年，国际结构混凝土协会（FIB）在汇集了五大洲44个国家和地区的成果后，发布了《模式规范》（MC2010），其中与装配式混凝土结构相关的技术报告，涉及结构、构件、连接节点等内容，进一步促进了欧洲装配式建筑的发展。

德国的公共建筑、商业建筑、集合住宅项目大都因地制宜，根据项目特点选择现浇与预制构件混合建造体系或钢混结构体系，通过策划、设计、施工各个环节的精细化优化过程，寻求项目的个性化、经济性、功能性和生态环保性能的综合平衡。随着工业化进程的加快，德国建筑业的工业化水平不断提升，采用工厂预制、现场安装的建筑部品越来越多，占比越来越大。

英国政府积极引导装配式建筑的发展，明确提出英国的建筑生产领域需要通过新产品开发、集约化组织、工业化生产来实现"成本降低10%，时间缩短10%，缺陷率降低20%，事故发生率降低20%，劳动生产率提高 10%，最终实现产值利润率提高 10%"的具体目标。同时，英国政府出台了一系列鼓励政策和措施，大力推行绿色节能建筑，对建筑的品质、性能提出了严格要求，以促进行业向新型建造模式转变。英国装配式建筑的发展采用政府主管部门与行业协会等紧密合作的方式，不断完善技术体系和标准体系，促进装配式建筑的项目实践；还根据装配式建筑行业的专业技能要求，建立了专业水平和技能的认定体系，推动了全产业链人才队伍的建设。

法国是世界上推行装配式建筑较早的国家，独创的装配整体式混凝土结构体系被其他国家广泛采用。法国装配式建筑的特点是以预制装配式混凝土结构为主，钢结构、木结构为辅。法国的装配式住宅多采用框架或者板柱体系，焊接、螺栓连接等均采用干法作业，结构构件与设备、装修工程分开，减少了预埋工作量，生产和施工质量有很大提高。法国装配式建筑主要采用预应力混凝土装配式框架结构体系，装配率可达 80%。

日本借鉴了欧美的成功经验，在探索装配式建筑的标准化设计、施工的基础上，结合自身要求，在装配式结构体系整体性抗震和隔震设计方面取得了突破性进展。日本在装配式建筑的应用上已经达到了相当高的水平，相关标准和规范也相当完善，在几次大的地震中，装配式建筑都发挥出了优良的抗震性能，保证了人们的生命财产安全。目前，日本的装配式建筑主要应用于中高层住宅建筑中，同时日本通过立法来保证混凝土构件的质量，对装配式住宅产业制定了一系列的方针政策和标准，形成了统一的模数标准，解决了标准化、大批量生产和多样化需求三者之间的矛盾。

新加坡是世界上公认的住宅问题解决较好的国家，其住宅多采用装配式技术加以建造。15～30 层的单元化装配式住宅，占新加坡全国总住宅数量的 80% 以上。这种装配式住宅，通过平面的布局，以及部件尺寸和安装节点的重复性来实现标准化；以设计为核心的设计和施工过程的工业化，相互之间配套融合，装配率达到 70%。

1.3.2 国内现状

我国从 20 世纪 50 年代开始发展装配式建筑，在 20 世纪 70 年代是装配式建筑发展的繁荣时期；但到了 20 世纪 80 年代中期以后，装配式建筑在我国逐渐被大众所淡忘，直至 20 世纪末才开始新一轮的发展。进入 21 世纪后，我国重新启动了装配式混凝土建筑的研发，二十年来取得了巨大的进展，除了引进国外的成熟技术，还自主研发了一些具有中国特色的自主产权技术，积累了宝贵的经验。

我国装配式建筑发展的主要技术路线为"引进吸收后再创新"，目前有项目实践的引进体系主要有法国的世构体系、澳大利亚的全预制装配整体式剪力墙结构体系、德国的双皮墙体系等。我国装配式建筑技术体系如图 1-3 所示。

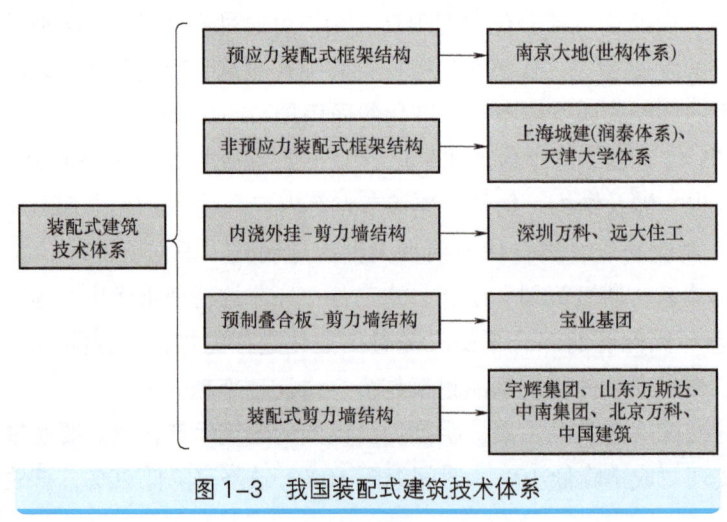

图 1-3 我国装配式建筑技术体系

作为建筑工业化的发展重心，我国的装配式建筑市场正迎来爆发式的增长机遇。在国家的装配式建筑发展计划和激励政策的引导下，全国各地纷纷开始了装配式建筑的发展热潮。按照新的要求，在2025年，装配式建筑占新建建筑的比例要达到30%以上，按照目前的建筑业总产值与增长速度计算，届时建筑业总产值约为33万亿人民币，装配式建筑产值将达10万亿人民币以上。

2017年，住房和城乡建设部印发的《"十三五"装配式建筑行动方案》提出，到2020年，全国装配式建筑占新建建筑的比例达到15%以上，其中重点推进地区要达到20%以上。我国的装配式建筑已进入高速发展期。

1.4 装配式建筑的发展意义

1. 提高建筑质量

传统的建筑工程仅仅依靠现场施工来形成优美的外观并保持色彩的持久性是非常困难的，但装配式建筑能够轻松地做到这一点，装配式建筑的预制构件都是在工厂定制生产的，无论是性能还是外观都能进行精密控制。

（1）施工精度很高

现浇混凝土结构的施工误差往往以厘米计算，而预制构件的误差以毫米来计算，误差大了就无法装配。预制构件在工厂的模台上和模具中生产，控制精度要比在现场容易。而且，预制构件的高精度会"逼迫"现场的混凝土浇筑的施工精度得到提高。在日本，有一种表面是预制墙板反打瓷砖的建筑，100多米高的外墙面，瓷砖砖缝笔直整齐，误差不到2mm，现场贴砖作业是很难达到如此精度的。

（2）可以提高混凝土浇筑、振捣和养护环节的质量

现场浇筑混凝土，模具组装不易做到严丝合缝，容易漏浆；墙、柱等立式构件不易做到很好的振捣；现场也很难做到符合要求的养护。工厂制作构件时，模具组装可以严丝合缝，混凝土不会漏浆；墙、柱等大都"躺着"浇筑，振捣方便；板式构件在振捣台上振捣，效果更好；一般采用蒸汽养护方式，养护质量显著提高。

2. 提高效率

近些年，我国工业化、城镇化正在快速推进，劳动力减少、高素质建筑工人短缺的问题越来越突出，建筑业发展的"硬约束"正在加剧。一方面，劳动力价格不断提高；另一方面，建造方式传统粗放，工业化水平不高，技术工人少，劳动效率低。发展装配式建筑涉及标准化设计、部品部件生产、现场装配、工程施工、质量监管等，构成要素包括技术体系、设计方法、施工组织、产品运输、施工管理、人员培训等，采用装配式建造方式，会"倒逼"上述各个环节、要素摆脱低效率、高消耗的粗放建造模式，走上依靠科技进步、提高劳动者素质、创新管理模式、内涵式、集约式的发展道路。

装配式建筑在工厂里预制生产大量的部品部件，这部分部品部件运输到施工现场再组合、连接、安装，它有以下优点：工厂的生产效率远高于现场作业；工厂生产不受恶劣天气等自然环境影响，工期更为可控；施工装配机械化程度高，显著减少了传统现浇施工现场大量搅拌、抹灰、砌墙等湿作业；交叉作业方便有序，提高了劳动生产效率，可以缩短1/4左右的施工时间；此外，装配式建造方式还可以减少约30%的现场用工数量。

通过生产方式的转型升级，减轻了工人的劳动强度，提升了生产效率，降低了建造成本，有利于突破建筑业发展瓶颈，全面提升建筑产业现代化发展水平。

3. 节能减排

当前，我国经济发展方式粗放的局面并未得到根本转变，特别是在建筑业，采用现场浇（砌）筑的方式施工，资源、能源的利用效率低，建筑垃圾排放量大，扬尘和噪声污染严重。如果不从根本上改变建造方式，这种粗放的建造方式导致的资源、能源过度消耗和浪费的问题将无法解决，经济增长与资源、能源的矛盾会更加突出，并将极大地制约我国经济社会的可持续发展。

发展装配式建筑在节能、节材和减排方面的成效已在实际项目中得到证明，在资源、能源消耗和污染排放方面，装配式建筑相比现浇建筑，建造阶段可以大幅减少木材模板、保温材料、抹灰水泥砂浆、施工用水、施工用电的消耗，并减少80%以上的建筑垃圾排放，还可明显减少碳排放，扬尘与噪声污染明显减轻，有利于改善城市环境、提高建筑综合质量和性能、推进生态文明建设。

4. 节约劳动力并改善劳动条件

工厂化生产与现场作业相比较，可以较多地利用设备和工具，特别是自动化设备，可以节省劳动力，使建筑业工人向产业工人转化，提高劳动者素质。由于设计精细化和拆分设计、产品设计、模具设计的需要，还由于精细化生产与施工管理的需要，"白领人员"的比例会有所增加。由此，建筑业从业人员的构成将发生变化，知识化程度得以整体提高。

装配式建筑把很多的现场作业转移到工厂进行，高处或高空作业转移到平地进行，风吹日晒的室外作业转移到车间里进行，工人的作业环境得到了显著改善。工厂的工人可以在工厂宿舍或工厂附近居住，不用住工地临时工棚；同时，也解决了夫妻分居、孩子留守等社会问题。另外，装配式建筑的现场施工可以较多地使用设备和工具，工人的劳动强度大为降低。

思考与练习

1.1 什么是装配式建筑？
1.2 装配式建筑有哪些优点？
1.3 我国装配式混凝土建筑的主要技术体系有哪些？
1.4 简述我国大力发展装配式建筑的意义。

第 2 章

装配式混凝土建筑

2.1 装配式混凝土建筑的概念

按照装配式混凝土建筑国家标准的定义,装配式混凝土建筑是指"建筑的结构系统由混凝土部件构成的装配式建筑。"而装配式建筑又是结构、外围护、内装和设备管线系统的主要部品部件预制集成的建筑。如此,装配式混凝土建筑有两个主要特征:

1)构成建筑结构的构件是混凝土预制构件。

2)装配式混凝土建筑是由结构、外围护、内装和设备管线系统的主要部品部件预制集成的建筑。

一般把装配式混凝土建筑称为 PC 建筑(PC 是 Precast Concrete 的简写,意为预制混凝土)。

2.2 装配式混凝土建筑的历史沿革

2.2.1 国外装配式混凝土建筑的发展

预制混凝土构件在建筑上的应用始于 1891 年。当年,巴黎一家公司首次在建筑中使用了预制混凝土梁。1896 年,法国人建造了最早的装配式混凝土建筑——一座小门卫房。

进入 20 世纪,一些现代主义建筑大师意识到建筑工业化是大规模解决城市住宅问题的有效途径,主张并提倡装配式混凝土建筑。1910 年,现代建筑领军人物、20 世纪世界四大建筑大师之一的格罗皮乌斯提出钢筋混凝土建筑应当预制化、工厂化。

由于两次世界大战的影响,20 世纪 50 年代之前,装配式混凝土建筑只停留在概念阶段。第二次世界大战结束后,装配式混凝土建筑开始大步登上建筑舞台,并逐渐成为重要角色。

20 世纪 50 年代,勒·柯布西耶设计了马赛公寓,如图 2-1 所示,采用了大量的预制清水混凝土构件。简单粗放的马赛公寓在浪漫的法国不是太受欢迎,但这种风格的建筑在德国却大受欢迎。一方面,德国人本来就喜欢简单风格;另一方面,德国城市在战争中毁坏严重,重建规模大,采用装配式建筑可以降低建造成本。

装配式混凝土建筑的热潮在 20 世纪 50 年代末兴起。瑞典、丹麦、芬兰等北欧国家由政府主导建设"安居工程",大量建造装配式混凝土建筑,主要是多层"板楼"。瑞典当时人口只有 800 万左右,每年建造安居住宅多达 20 万套,仅仅五年时间就为一半国民解决了住房问题。北欧地区冬季漫长,气候寒冷,夜长昼短,一年中可施工的时间较少,采用装配式混凝土建筑主要是为了缩短工期,提高建造效率,降低造价。冬季,在工厂大量预制构件,到了可施工季节就在现场安装。北欧国家采用装配式混凝土建筑提高了施工效率,降低了成本,也提升了建筑质量,其经验被欧洲其他国家借鉴,后又传至美国、日本、东南亚地区。目前,装配式混凝土建筑已经成为许多国家重点发展的建筑方式,在新建混凝土建筑中占有一定比例，高的可达 60%，低的也有 15%。

图 2-1 马赛公寓

2.2.2 国内装配式混凝土建筑的发展

在我国，装配式混凝土建筑的应用已有六十多年的历史。从 1958 年到 1991 年，北京市共建成装配式大板住宅建筑 386 万 m^2，其中高层建筑（≥10 层）有 90 万 m^2。工业厂房也广泛采用装配式结构，包括预制混凝土梁、柱、桁架、大型屋面板等。

这一时期的装配式混凝土结构住宅主要借鉴苏联和东欧的技术体系，以装配式大板结构为主，设计思路、技术体系、材料工艺及施工质量等多方面存在问题，导致房屋质量较差，主要表现在：房屋户型标准化较高但是使用功能欠佳，户型简单，开间小；接缝处建筑功能差，保温、隔热、隔声性能差，存在漏水、结露、保温不好等问题；内装单一、粗糙，质量较差。同时，装配式结构在当时也存在成本偏高、构件运输与城市交通存在矛盾等问题。当现浇施工技术、商品混凝土得到普及且建筑业开始大量雇用农民工以后，现浇结构由于具有成本较低、无接缝漏水问题、建筑平（立）面布置灵活等优势，迅速取代了装配式混凝土结构，随后装配式混凝土结构在我国的应用比例直线下降。预制构件行业面临市场疲软、产品滞销、竞争加剧等困境，很多构件厂倒闭，装配式混凝土结构方面的研究及应用在我国基本中断。

20 世纪 90 年代后，国家取消福利分房政策，住宅建设从供给驱动转向需求驱动，从而对住宅的品质与质量提出了更高层次的要求，在总结和借鉴国内外经验的基础上，我国重新提出了"建筑工业化"，并指明了发展住宅产业和推进住宅产业化的总体思路。1995 年，建设部印发了《建筑工业化发展纲要》的通知；1999 年，国务院发布《关于推进住宅产业现代化提高住宅质量的若干意见》，并批准建立了多个国家级的住宅产业化试点城市、生产型基地，以及以房地产开发商为龙头的企业联盟。

近年来，由于劳动力数量的下降、成本的提高，以及建筑业"四节一环保"可持续发展要求的提出，装配式混凝土结构作为建筑业现代化的主要结构形式，又开始迅速发展。同时，结构设计技术、材料技术、施工技术的进步也为装配式混凝土结构的发展提供了条件。在市场和政府的双重推动下，预制装配式混凝土建筑结构的研究和工程实践已成为建筑业发展的新热点，国内众多企业、院校、研究院所开展了比较广泛的研究和工程应用示范。在引入欧美、日本等发达国家的现代化结构技术的基础上，完成了大量的理论研究、结构实验研究、生产装备和工艺研究、施工装备和工艺研究，初步开发了一系列适合我国国情的建筑结构技术体系。为了配合和推广装配式混凝土结构技术的应用，在国家层面和地方层面发布并实施了相应的技术标准和政策措施。

另外，2000年以来，国内相继开展了一些预制混凝土节点和整体结构的研究工作。在工程应用方面，采用新技术的预制混凝土建筑逐渐增多，如南京金帝御坊工程采用了预应力预制混凝土装配整体框架结构体系；大连43层的希望大厦采用了预制混凝土叠合楼面；北京榆构有限公司等单位完成了多项公共建筑外墙挂板、预制体育场看台工程；万科集团、远大住工集团等单位在借鉴国外技术及工程经验的基础上，从应用住宅预制外墙板开始，成功开发了具有中国特色的装配式剪力墙住宅结构体系。

以万科集团等为代表的钢筋混凝土预制装配式建筑，这种建筑模式适合于多层、小高层的办公、住宅建筑，在传统技术框架和框架剪力墙结构的基础上侧重于外墙板、内墙板、楼板等的部品化，部品化率为40%～50%，并延伸至现场装修一体化，成本进一步压缩，已接近传统技术成本。

近年来，国家和地方相继出台了一系列政策支持装配式混凝土建筑的发展。例如2017年，江苏省政府发布了《关于促进建筑业改革发展的意见》，提出至2020年，全省装配式建筑占新建建筑面积的比例要达到30%。

与国外相比，我国装配式混凝土结构的发展有三个主要特点：

1）由于住宅建设尤其是保障房建设的需求，装配式混凝土结构的应用以剪力墙结构体系为主。近些年来，装配式剪力墙结构体系发展非常迅速，应用量不断攀升，不断涌现出不同形式、不同结构特点的装配式剪力墙结构，如套筒灌浆连接装配整体式剪力墙结构、浆锚搭接连接装配整体式剪力墙结构、预制外挂墙板剪力墙结构、叠合剪力墙结构等，在北京、上海、天津、哈尔滨、沈阳、唐山、合肥、南通、深圳等城市，均有较大规模的应用。由于高层装配式剪力墙结构在国外应用较少，因此我国的装配式剪力墙结构技术体系基本是在借鉴装配式大板建筑和国外的一些钢筋连接、节点构造技术的基础上自主研发的。

2）从结构设计角度来看，主要是借鉴日本"等同现浇"的概念，以装配整体式结构为主，节点和接缝较多且连接构造比较复杂，导致成本较高和效率较低。

3）发展速度较快，对材料技术和结构技术的基础研究稍有不足。而且，现在主要处于建设期，其实际使用效果尤其是材料的耐久性、建筑外墙节点的防水性能和保温性能、结构体系的抗震性能等都缺少长时间的检验。

2.3 装配式混凝土建筑的类型

2.3.1 框架结构

1. 装配整体式框架结构设计的基本规定

《装配式混凝土结构技术规程》（JGJ 1—2014）关于装配整体式框架结构的一般规定包括以下内容：

1）装配整体式框架结构可按现浇混凝土框架结构进行设计。装配整体式框架结构是指预制混凝土梁、柱构件通过可靠的方式进行连接并与现场后浇混凝土、水泥基灌浆料形成整体，也就是用"湿连接"形成整体，设计等同于现浇。用预埋螺栓连接或者预埋钢板焊接（即"干连接"），不是装配整体式框架结构，不能视为等同于现浇。

2）装配整体式框架结构中，预制柱的纵向钢筋连接应符合以下规定：

① 当房屋高度不大于12m或层数不超过3层时，可采用套筒连接、浆锚搭接、焊接等连接方式。

② 当房屋高度大于12m或层数超过3层时，宜采用套筒灌浆连接。

套筒灌浆连接方式是一种质量可靠、操作简单的技术，在日本、欧美等国家已经有长期、大量的实践经验，国内也有充分的实验研究和一定的应用经验，以及相关的产品、技术规程。当结构层数较多时，柱的纵向钢筋采用套筒灌浆连接可保证结构的安全。对于低层框架结构，柱的纵向钢筋连接也可以采用技术相对简单且造价较低的方法。钢筋焊接连接方式应符合《钢筋焊接及验收规程》（JGJ 18—2012）的规定。

装配整体式框架结构中，预制柱的水平接缝处不宜出现拉力。实验研究表明，预制柱的水平接缝处抗剪能力受柱轴力的影响较大。当柱受拉时，水平构件的抗剪能力较差，易发生接缝的滑移错动。因此，应通过合理的结构布置，避免在柱的水平接缝处出现拉力。

2. 设计计算

（1）叠合梁端竖向接缝受剪承载力

叠合梁端竖向接缝主要包括框架梁与节点区的接缝、梁自身连接的接缝，以及次梁与主梁的接缝等几种类型。叠合梁端竖向接缝受剪承载力的组成主要包括：新旧混凝土结合面的黏结力、键槽的抗剪能力、后浇混凝土叠合层的抗剪能力、梁纵向钢筋的销栓抗剪作用。

《装配式混凝土结构技术规程》（JGJ 1—2014）规定，竖向接缝的抗剪承载力不考虑新旧混凝土结合面的黏结力，取混凝土抗剪键槽的受剪承载力、后浇层混凝土的受剪承载力，以及穿过结合面的钢筋的销栓抗剪作用之和。地震往复作用下，对后浇层混凝土部分的受剪承载力进行折减，参照混凝土斜截面受剪承载力设计方法，折减系数取 0.6。

叠合梁端竖向接缝受剪承载力设计值应按下列公式计算：

1）持久设计状况时，有

$$V_u = 0.07 f_c A_{cl} + 0.10 f_c A_k + 1.65 A_{sd} \sqrt{f_c f_y} \tag{2-1}$$

2）地震设计状况时，有

$$V_{uE} = 0.04 f_c A_{cl} + 0.06 f_c A_k + 1.65 A_{sd} \sqrt{f_c f_y} \tag{2-2}$$

式中 A_{cl}——叠合梁端截面后浇混凝土叠合层截面面积（mm²）；

f_c——预制构件混凝土轴心抗压强度设计值（N/mm²）；

f_y——垂直穿过结合面钢筋的抗拉强度设计值（N/mm²）；

A_k——各键槽的根部截面面积之和（mm²），按后浇键槽根部截面面积和预制键槽根部截面面积分别计算，并取两者的较小值；

A_{sd}——垂直穿过结合面所有钢筋的面积（mm²），包括叠合层内的纵向钢筋；

V_u——持久设计状况下的叠合梁端竖向接缝受剪承载力设计值（N）；

V_{uE}——地震设计状况下的叠合梁端竖向接缝受剪承载力设计值（N）。

（2）预制柱底水平接缝受剪承载力

预制柱底水平接缝受剪承载力的组成主要包括：新旧混凝土结合面的黏结力、粗糙面或键槽的抗剪能力、轴压产生的摩擦力、梁纵向钢筋的销栓抗剪作用或摩擦抗剪作用，其中后两个抗剪作用为受剪承载力的主要组成部分。在非抗震设计时，柱底剪力通常较小，不需要验算；地震往复作用下，混凝土自然黏结及粗糙面的受剪承载力丧失较快，计算中可不考虑其作用。

在地震设计状况下，预制柱底水平接缝受剪承载力设计值应按下列公式计算：

1）当预制柱受压时，有

$$V_{uE} = 0.8N + 1.65 A_{sd} \sqrt{f_c f_y} \tag{2-3}$$

2）当预制柱受拉时，有

$$V_{uE} = 1.65 A_{sd} \sqrt{f_c f_y \left[1 - \left(\frac{N}{A_{sd} f_y}\right)\right]} \tag{2-4}$$

式中　f_c——预制构件混凝土轴心抗压强度设计值（N/mm²）；

　　　f_y——垂直穿过结合面钢筋的抗拉强度设计值（N/mm²）；

　　　N——与剪力设计值 V 相应的垂直于水平结合面的轴向力设计值（N），取绝对值进行计算；

　　　A_{sd}——垂直穿过结合面所有钢筋的面积（mm²）；

　　　V_{uE}——地震设计状况下预制柱底水平接缝受剪承载力设计值（N）。

2.3.2　剪力墙结构

剪力墙结构是由剪力墙组成的承受竖向和水平作用的结构，在剪力墙结构中，楼盖和屋盖传递侧向力的作用较大。

1. 剪力墙结构设计的基本规定

目前，国内关于装配整体式剪力墙结构形成整体性的主要思路是依靠现浇混凝土，但即使是采用灌浆连接方式，上下剪力墙之间也都设置有水平现浇带，剪力墙的水平连接也是靠后浇混凝土。在水平连接的后浇区，钢筋采用搭接或焊接方式。

剪力墙结构中竖向钢筋的连接：采用套筒灌浆连接时，边缘构件要逐根连接；非边缘构件采用隔根连接；浆锚搭接连接无论是边缘构件还是非边缘构件，都要逐根连接；叠合板剪力墙和圆孔板剪力墙为逐根连接。

抗震设计时，对同一层内既有现浇墙肢也有预制墙肢的装配整体式剪力墙结构，现浇墙肢的水平地震作用弯矩、剪力宜乘以不小于 1.1 的增大系数。装配整体式剪力墙结构的布置应沿两个方向布置，剪力墙的截面宜简单。预制墙的门窗洞口宜上下对齐，成列布置。抗震设防烈度为 8 度时，高层装配整体式剪力墙结构中的电梯井筒宜采用现浇混凝土结构。

2. 设计计算

（1）剪力墙水平接缝的受剪承载力设计值计算

在地震设计状况下，剪力墙水平接缝的受剪承载力设计值应按下式计算，即

$$V_{uE} = 0.6 f_y A_{sd} + 0.8 N \tag{2-5}$$

式中　f_y——垂直穿过结合面钢筋的抗拉强度设计值（N/mm²）；

　　　N——与剪力设计值 V 相应的垂直于水平结合面的轴向力设计值，压力时取正，拉力时取负（N）；

　　　A_{sd}——垂直穿过结合面抗剪钢筋的面积（mm²）。

观察式（2-5）可以发现，当出现拉力时，将严重削弱剪力墙水平接缝的受剪承载力，因此剪力墙应采取合理的结构布置、适宜的高宽比，避免墙肢出现较大的拉力。最后，应按以下计算式复核剪力墙底部加强部位的接缝"强连接"，即

$$\eta_j V_{mua} \leqslant V_{uE} \tag{2-6}$$

式中　V_{mua}——被连接构件端部按实配钢筋面积计算的斜截面受剪承载力设计值（N）；

　　　η_j——接缝受剪承载力增大系数，抗震等级为一级、二级时取 1.2，三级、四级时取 1.1。

（2）叠合梁端竖向接缝受剪承载力计算

剪力墙结构叠合梁端竖向接缝受剪承载力计算应按照框架结构叠合梁端竖向接缝受剪承载力计算的方式进行，见 2.3.1 节的计算式。

（3）节点的连接设计

预制构件的节点连接设计应满足结构承载力和抗震性能的要求，要受力明确、方便施工。装配整体式剪力墙结构预制墙板的连接，应符合以下规定：

1）当接缝位于纵横墙交接处的约束边缘构件区域时，约束边缘构件的阴影区域（图 2-2）宜全部采用后浇混凝土，并应在后浇段内设置封闭箍筋。

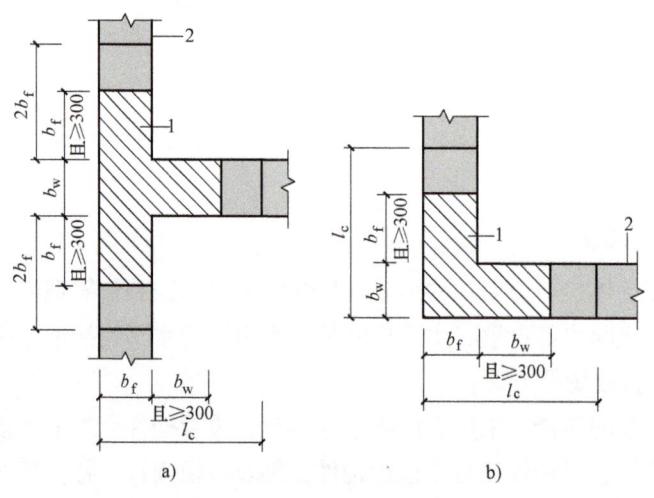

图 2-2 约束边缘构件阴影区域全部后浇构造示意图

a) 有翼墙 b) 转角墙

1—后浇段 2—预制剪力墙 l_c—约束边缘构件沿墙肢的长度 b_f—剪力墙约束边缘构件垂直方向的墙厚

b_w—剪力墙约束边缘构件水平方向的墙厚

2）当接缝位于纵横墙交接处的构造边缘构件区域时，构造边缘构件宜全部采用后浇混凝土（图 2-3）；当仅在一面墙上设置后浇段时，后浇段的长度不宜小于 300mm（图 2-4）。

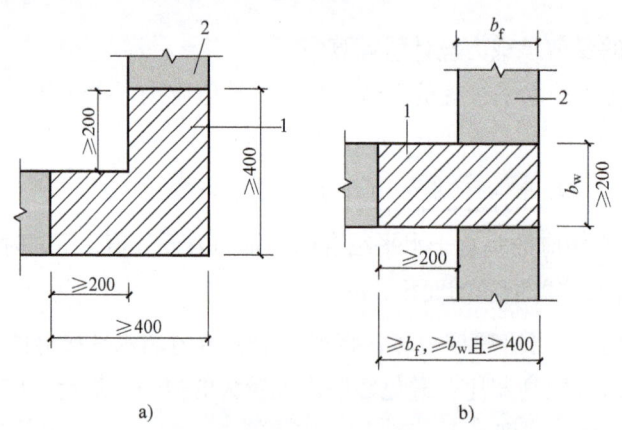

图 2-3 构造边缘构件阴影区域全部后浇示意图

a) 有翼墙 b) 转角墙

1—后浇段 2—预制剪力墙 b_f—剪力墙约束边缘构件垂直方向的墙厚

b_w—剪力墙约束边缘构件水平方向的墙厚

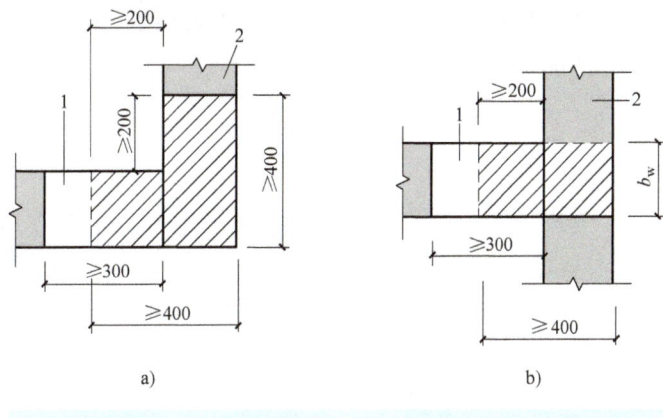

图 2-4 构造边缘构件阴影区域部分后浇示意图
a) 有翼墙 b) 转角墙
b_w—剪力墙约束边缘构件水平方向的墙厚
1—后浇段 2—预制剪力墙

3) 边缘构件内的配筋及构造要求应符合《建筑抗震设计规范》(GB 50011—2010) 的有关规定；预制剪力墙的水平分布钢筋在后浇段内的锚固、连接应符合《混凝土结构设计规范》(GB 50010—2010) 的有关规定。

4) 非边缘构件处，相邻预制剪力墙之间应设置后浇段，后浇段的宽度不应小于墙厚且不宜小于 200mm；后浇段内应设置不少于 4 根的竖向钢筋，钢筋直径不应小于墙体竖向分布筋直径且不应小于 8mm；两侧墙体的水平分布筋在后浇段内的锚固、连接应符合《混凝土结构设计规范》(GB 50010—2010) 的有关规定。

剪力墙的竖向接缝宜设置在楼面标高处，接缝高度宜为 20mm，预制剪力墙的竖向钢筋一般采用套筒灌浆或浆锚搭接连接，在灌浆时宜用灌浆料将水平接缝同时灌满。灌浆料的强度较高且流动性较好时，有利于保证接缝的承载力，后浇混凝土的上表面应设置粗糙面。灌浆时，预制剪力墙构件下表面与楼面之间的缝隙周围可采用封边砂浆进行封堵和分仓，以保证水平接缝中灌浆料填充饱满。

2.3.3 外挂墙板结构

外挂墙板有普通混凝土墙板和夹心保温墙板两种，不属于主体结构构件，是起围护和装饰作用的非承重构件。预制混凝土外挂墙板利用混凝土的可塑性强的特点，可充分表达建筑师的设计意愿，使大型公共建筑的外墙具有独特的表现力。

饰面混凝土外挂墙板（图 2-5）采用反打成型工艺，将饰面材料加入混凝土中，形成一体化的带有装饰面的预制构件。

装饰混凝土外挂墙板（图 2-6）是在普通的混凝土表层上，通过色彩、色调、质感、款式、纹理、肌理和不规则线条的创意设计，以及图案与颜色的有机组合，创造出各种天然大理石、花岗岩、砖、木等天然材料的装饰效果。

预制混凝土外挂墙板在工厂采用工业化生产，具有施工速度快、质量好、维修费用低等特点。预制混凝土外挂墙板与主体结构的连接宜采用柔性连接构造（柔性连接节点），以保证外挂墙板在地震时能够适应主体结构的最大层间位移角。外挂墙板的最大层间位移角，当用于混凝土结构时应不小于 1/200，当用于钢结构时应不小于 1/100。目前，柔性连接节点主要有弹性滑移节点及弹塑性变形节点。外挂墙板与主体结构的间距一般为 30～50mm，外挂墙板之间的接口尺寸为 15～25mm。

预制混凝土外挂墙板也可通过干式连接方式和混凝土框架梁连接，干式连接方式由三部分组成：

1）框架梁中的预埋件及钢牛腿。
2）预制墙板预埋件。
3）带端板的销轴连接件。

图 2-5　饰面混凝土外挂墙板

图 2-6　装饰混凝土外挂墙板

预制混凝土外挂墙板的施工工艺有先挂法与后挂法之分，先挂法是在主体结构施工之前将预制混凝土外挂墙板吊装到位，经精确调节、稳固支撑后进行现浇结构施工，结构成形后外挂墙板通过预留钢筋与现浇主体结构连接；后挂法是在主体结构完成之后将预制混凝土外挂墙板吊装到位并进行连接，主要采用焊接、螺栓连接等干式连接方式与主体结构连接。

1. 外挂墙板设计的基本规定

《装配式混凝土结构技术规程》（JCJ 1—2014）关于外挂墙板有如下规定：

1）外挂墙板应采用合理的连接节点与主体结构可靠连接，有抗震设防要求时，应对外挂墙板及其与主体结构的连接节点进行抗震设计。

2）外挂墙板的结构分析可采用线弹性方法，计算简图应符合实际受力状态。

3）对外挂墙板和连接节点进行承载力验算时，其结构重要性系数 γ_0 应取不小于1.0，连接节点承载力抗震调整系数 γ_{RE} 应取1.0。

4）支撑外挂墙板的结构构件应具有足够的承载能力和刚度。

5）外挂墙板与主体结构宜采用柔性连接，连接节点应具有足够的承载力和适应主体结构变形的能力，并应采取可靠的防腐、防锈和防火措施。

2. 设计计算

预制混凝土外挂墙板在施工阶段的验算应考虑外挂墙板的自重、脱模吸附力，以及翻转、吊装及运输等环节的最不利施工荷载工况计算，预制混凝土外挂墙板及连接节点按承载力极限状态计算和按正常使用极限状态验算时，应考虑外挂墙板的自重（含窗重）、风荷载、地震作用及温度应力等荷载作用的不利组合。

预制混凝土外挂墙板进行构件设计时，应根据《混凝土结构设计规范》（GB 50010—2010）进行承载力极限状态计算、正常使用极限状态验算，以及在翻转、运输及吊装过程中构件受力的最不利工况验算。按正常使用极限状态计算时，采用标准组合值、准永久组合值，荷载组合系数按有关荷载规范取用。预制混凝土外挂墙板的挠度限值取 1/200，裂缝控制等级按三级考虑，最大裂缝宽度允许值取 0.2mm。

计算外挂墙板及连接节点的承载力时，荷载组合的效应设计值如下，详见《装配式混凝土结构技术规程》（JGJ 1—2014）。

(1) 持久设计状况

1) 当风荷载效应起控制作用时，有

$$S=\gamma_G S_{Gk}+\gamma_w S_{wk} \tag{2-7}$$

2) 当永久荷载效应起控制作用时，有

$$S=\gamma_G S_{Gk}+\Psi_w \gamma_w S_{wk} \tag{2-8}$$

(2) 地震设计状况

1) 在水平地震作用下，有

$$S_{Eh}=\gamma_G S_{Gk}+\gamma_{Eh} S_{Ehk}+\Psi_w \gamma_w S_{wk} \tag{2-9}$$

2) 在竖向地震作用下，有

$$S_{Ev}=\gamma_G S_{Gk}+\gamma_{Ev} S_{Evk} \tag{2-10}$$

在持久设计状况、地震设计状况下，需进行外挂墙板和连接节点的承载力设计。承载力设计值取荷载组合包络值。

1) 风荷载标准值，有

$$W_k=\beta_{gz}\mu_{s1}\mu_z w_0 \tag{2-11}$$

2) 水平地震作用标准值，有

$$F_{Ehk}=\beta_E \alpha_{max} G_k \tag{2-12}$$

3) 竖向地震作用标准值，有

$$F_{Evk}=0.65 F_{Ehk} \tag{2-13}$$

2.4 装配式混凝土结构的连接方式

为实现"等同现浇"的性能，装配整体式混凝土结构必须采取可靠措施保证钢筋及混凝土的受力连续性。因此，预制构件不连续钢筋的连接是装配整体式混凝土结构设计与施工的重要环节，也是保证结构整体性的关键。

传统的现浇混凝土结构中，常用的钢筋连接技术包括绑扎连接、焊接连接与机械连接三种主要形式，受作业空间、施工工艺等方面的制约，全面应用于装配整体式混凝土结构中将面临种种困难，如绑扎连接需要足够宽度的后浇混凝土，以提供足够的钢筋搭接长度，这将直接增加现场的工作量；焊接连接与机械连接需要足够的操作空间，钢筋的逐根连接会使现场的工作量较大，质量也难以保证。因此，对于装配整体式混凝土结构，除后浇混凝土部位或叠合现浇混凝土层外，上述三种钢筋连接技术很难直接应用于预制构件不连续钢筋的连接。

目前，装配整体式混凝土结构预制构件的钢筋连接主要采用浆锚连接与套筒灌浆连接两种技术手段。

2.4.1 浆锚连接

浆锚连接的原理是：将预制构件表面外伸一定长度的不连续钢筋插入所连接的预制构件对应位置的预留孔道内，钢筋与孔道内壁之间填充无收缩、高强度的灌浆料，起到锚固钢筋的作用，从而形成钢筋浆锚连接。目前，普遍采用的浆锚连接构造包括约束浆锚连接和金属波纹管浆锚连接（图2-7）。

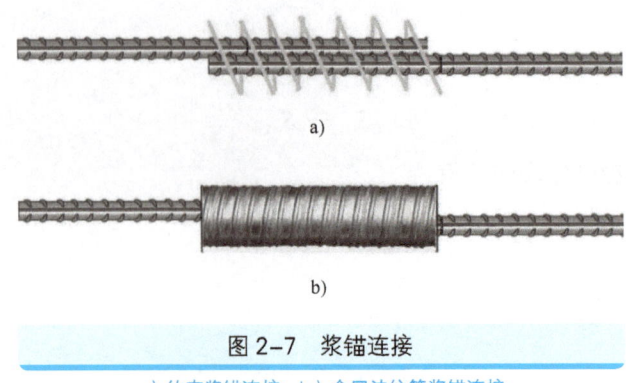

图 2-7 浆锚连接

a) 约束浆锚连接 b) 金属波纹管浆锚连接

约束浆锚连接是在接头范围内预埋螺旋箍筋，并与构件钢筋同时预埋在模板内；通过抽芯制成带肋孔道，并通过预埋PVC软管的方式制成灌浆孔与排气孔，用于后续灌浆作业；待不连续钢筋伸入孔道后，从灌浆孔压力灌注无收缩、高强度的水泥基灌浆料，不连续钢筋通过灌浆料、混凝土与预埋钢筋形成搭接连接接头。

金属波纹管浆锚连接采用预埋金属波纹管成孔，在预制构件模板内，波纹管与构件的预埋钢筋紧贴，并通过绑扎丝绑扎固定；波纹管在高处向模板外弯折至构件表面，作为后续灌浆料的灌注口；待不连续钢筋伸入波纹管后，从灌注口向管内灌注无收缩、高强度的水泥基灌浆料；不连续钢筋通过灌浆料、金属波纹管及混凝土与预埋钢筋形成搭接连接接头。

1. 技术原理

无论是约束浆锚连接还是金属波纹管浆锚连接，其不连续钢筋的应力均通过灌浆料、孔道材料（预埋管道成孔）及混凝土之间的黏结应力传递至预制构件内的预埋钢筋，实现钢筋的连续传力。根据其传力方式，待连接钢筋与预埋钢筋之间形成搭接连接接头。考虑到钢筋搭接连接接头的偏心传力性质，一般对其连接长度有较严格的规定。约束浆锚连接采用的螺旋加强筋，可有效加强搭接传力范围内混凝土的约束，延缓混凝土的径向劈裂，从而提高钢筋搭接的传力性能。而对于金属波纹管浆锚连接，也可借鉴其做法，在搭接接头外侧设置螺旋箍筋作为加强，但应注意控制波纹管与螺旋箍筋之间的净距离，以免影响该关键部位混凝土的浇筑质量。

2. 浆锚连接的要求

1）纵向钢筋采用浆锚连接时，对预留成孔工艺、孔道形状和长度、构造要求、灌浆料和被连接钢筋应进行力学性能及实用性实验。

2）适用于直径20mm及以下的热轧带肋钢筋，且不应用于直接承受动力荷载的构件。

3）灌浆料1d、3d、28d的抗压强度分别至少为35MPa、55MPa和80MPa，其他性能要求见《装配式混凝土结构技术规程》（JGJ 1—2014）表4.2.3。

4）房屋高度大于12m或超过3层时的框架结构预制柱的纵向钢筋连接，不宜使用浆锚连接。

5）不宜用于一级抗震等级剪力墙及二级、三级抗震等级底部加强部位的剪力墙的边缘竖向钢筋。

3. 约束浆锚连接和金属波纹管浆锚连接的区别

约束浆锚连接和金属波纹管浆锚连接的区别包括以下方面：

1）约束浆锚连接采用抽芯成孔，而金属波纹管浆锚连接则采用预埋金属波纹管成孔。

2）约束浆锚连接在接头范围内设置螺旋箍筋作为加强筋，而金属波纹管浆锚连接未采取加强措施。

3）对于约束浆锚连接，灌浆料的灌注仅能采用压力灌浆工艺；而金属波纹管浆锚连接可根据实际情况及设计要求，采用压力灌浆或重力灌浆工艺。

2.4.2 套筒灌浆连接

套筒灌浆连接是指在预制混凝土构件中预埋金属套筒，在套筒中插入钢筋并灌注水泥基灌浆料，从而实现钢筋连接。套筒灌浆连接包括全灌浆套筒和半灌浆套筒两种形式。

套筒灌浆连接技术在美国和日本已经有多年的应用历史，是一项十分成熟的技术。目前，国内外有代表性的套筒产品主要有美国的 NMB 灌浆套筒、日本的东京铁钢灌浆套筒、我国的北京建茂 JM 灌浆套筒、我国的台湾润泰灌浆套筒等。

1）全灌浆套筒：两端均采用灌浆方式与钢筋连接，如图 2-8 所示。

2）半灌浆套筒：一端采用灌浆方式与钢筋连接，而另一端采用非灌浆方式与钢筋连接（通常采用螺纹连接），如图 2-9 所示。

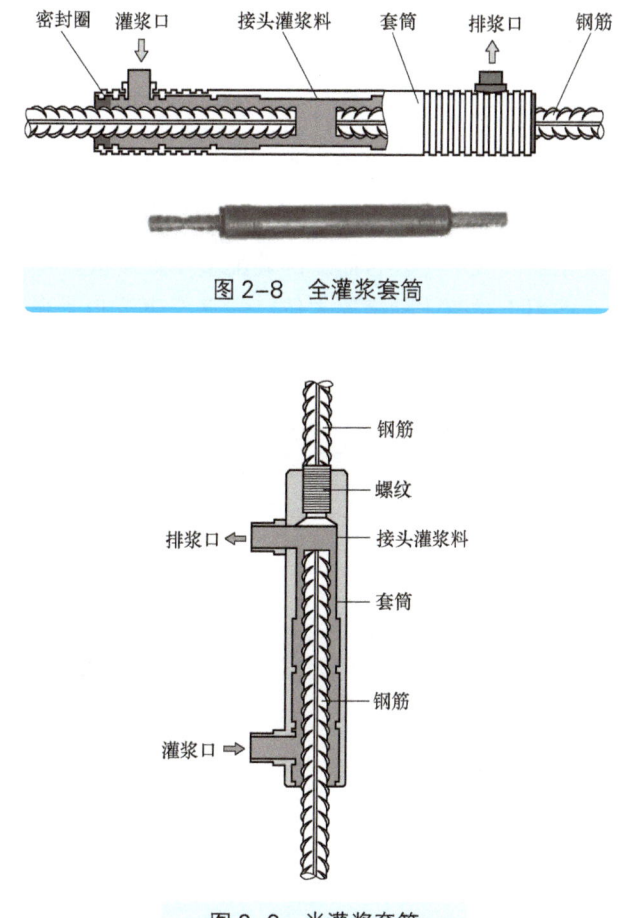

图 2-8 全灌浆套筒

图 2-9 半灌浆套筒

1. 技术原理

套筒灌浆连接的技术原理：钢筋从套筒两端的开口处插入套筒内部，钢筋与套筒之间填充高强度的微膨胀结构性灌浆料，借助灌浆料的微膨胀特性且受到套筒的围束作用，增强了灌浆料与钢筋、套筒之间的摩擦力，从而实现钢筋的应力传递。

2. 套筒灌浆连接的要求

《装配式混凝土结构技术规程》（JGJ 1—2014）、《钢筋套筒灌浆连接应用技术规程》（JGJ 355—2015）对套筒灌浆连接做出了如下规定：

1）接头应满足《钢筋机械连接技术规程》（JGJ 107—2016）中Ⅰ级接头的性能要求，并应符合国家现行有关标准的规定。

2）预制剪力墙中，钢筋接头处套筒外侧钢筋的混凝土保护层厚度不应小于15mm；预制柱中，钢筋接头处套筒外侧箍筋的混凝土保护层厚度不应小于20mm，且套筒之间的净距不应小于25mm。

3）灌浆料1d、3d、28d的抗压强度分别至少为35MPa、60MPa和85MPa，其他性能要求见《钢筋套筒灌浆连接应用技术规程》（JGJ 355—2015）表3.1.3-1。

4）钢筋插入套筒的锚固长度一般为6～8d（d为钢筋直径）。

5）适用于各种受荷条件、直径为12～40mm的热轧带肋钢筋。

2.5　装配式混凝土建筑常用预制构件

预制混凝土构件（precast concrete component）是指在工厂或现场预先制作的混凝土构件，简称为预制构件。装配式混凝土结构常用预制构件包括：叠合板、叠合梁、预制剪力墙、预制柱、预制楼梯、预制阳台板、预制空调板等。

2.5.1　叠合板

叠合板是由预制板和现浇钢筋混凝土层叠合而成的装配整体式楼板。叠合板整体性好，板的上下表面较平整，便于饰面层装修，适用于对整体刚度要求较高的高层建筑和大开间建筑。叠合板是目前国内应用最多的预制底板，如图2-10所示。

图2-10　叠合板

叠合板预制部分的厚度通常为60mm，叠合板在工地安装到位后要进行二次浇筑，从而成为整体实心楼板。桁架钢筋的主要作用是将二次浇筑的混凝土层与预制底板形成整体，并在制作和安装过程中提供刚度。伸出预制混凝土层的桁架钢筋和粗糙的混凝土表面保证了叠合板预制部分与现浇部分能有效结合成整体。

叠合板进行受力计算时的拆分原则如下：

1）可按单向板和双向板拆分。

2）按单向板设计时，板缝垂直于长边。

3）按双向板设计时，避开弯矩最大截面。

4）与柱的相交位置要预留切角。

5）不能超过运输超宽限制，要考虑工厂生产线模台的限制，尽量统一或减少板的规格。

叠合板接缝处的连接处理如图 2-11 所示。

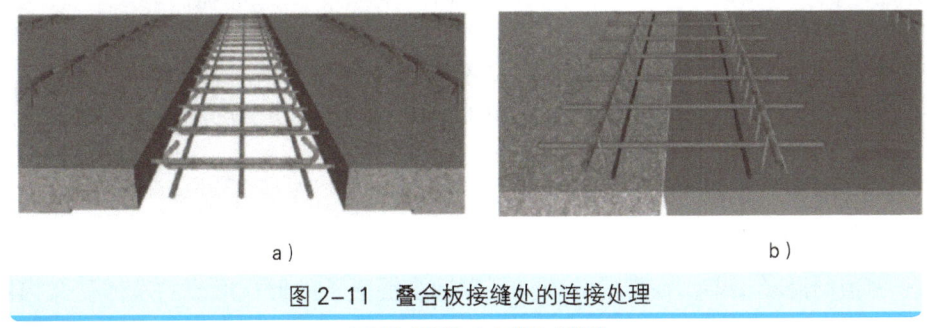

图 2-11　叠合板接缝处的连接处理

a）分离式接缝　b）整体式接缝

双向叠合板用底板编号如图 2-12 所示，双向叠合板用底板钢筋代号见表 2-1。

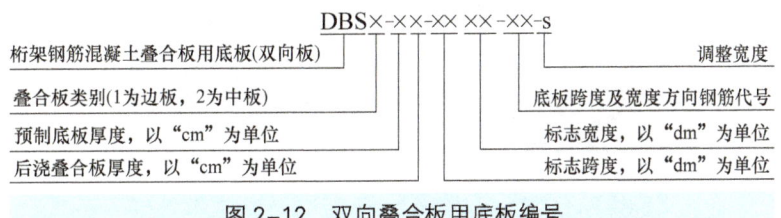

图 2-12　双向叠合板用底板编号

【例】底板编号 DBS1-67-3620-31，表示双向受力叠合板用底板，拼装位置为边板，预制底板厚度为 60mm，后浇叠合层厚度为 70mm，预制底板的标志跨度为 3600mm，预制底板的标志宽度为 2000mm，底板跨度方向配筋为 ⌀10@200，底板宽度方向配筋为 ⌀8@200。

表 2-1　双向叠合板用底板钢筋代号

宽度方向钢筋 \ 编号 \ 跨度方向钢筋	⌀8@200	⌀8@150	⌀10@200	⌀10@150
⌀8@200	11	21	31	41
⌀8@150	—	22	32	42
⌀8@100	—	—	—	43

单向叠合板用底板编号如图 2-13 所示，单向叠合板用底板钢筋代号见表 2-2。

图 2-13　单向叠合板用底板编号

表 2-2 单向叠合板用底板钢筋代号

代号	1	2	3	4
受力钢筋规格及间距	⌀8@200	⌀8@150	⌀10@200	⌀10@150
分布钢筋规格及间距	⌀6@200	⌀6@200	⌀6@200	⌀6@200

【例】底板编号 DBD67-3620-2，表示单向受力叠合板用底板，预制底板厚度为 60mm，后浇叠合层厚度为 70mm，预制底板的标志跨度为 3600mm，预制底板的标志宽度为 2000mm，底板跨度方向配筋为 ⌀8@150。

2.5.2 叠合梁

叠合梁是一种预制混凝土梁，在现场的现浇区以后浇混凝土的形式形成的整体受弯构件。一般情况下，叠合梁的下部主筋已在工厂完成预制并与混凝土整浇完成，上部主筋需在现场绑扎或在预制工厂绑扎完毕（但未包裹混凝土）。叠合梁如图 2-14 所示。

图 2-14 叠合梁

叠合梁预制部分的截面形式，可采用矩形形式或凹口形式，如图 2-15 所示。

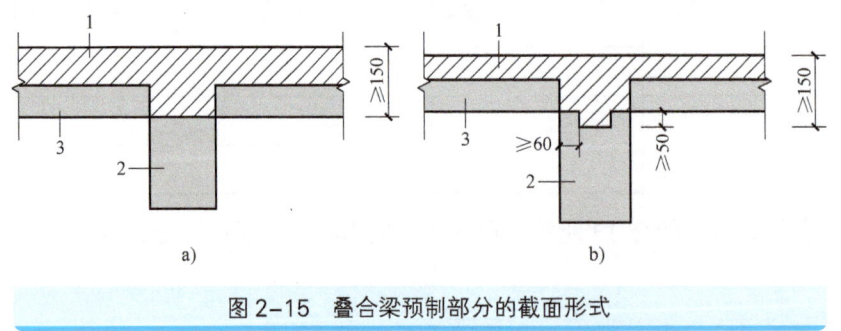

图 2-15 叠合梁预制部分的截面形式
a) 矩形形式　b) 凹口形式
1—现浇混凝土　2—预制梁　3—预制板

叠合梁的箍筋形式可采用整体封闭箍筋或组合封闭箍筋。抗震等级为一级、二级的叠合框架梁的梁端箍筋加密区宜采用整体封闭箍筋，如图 2-16 所示。

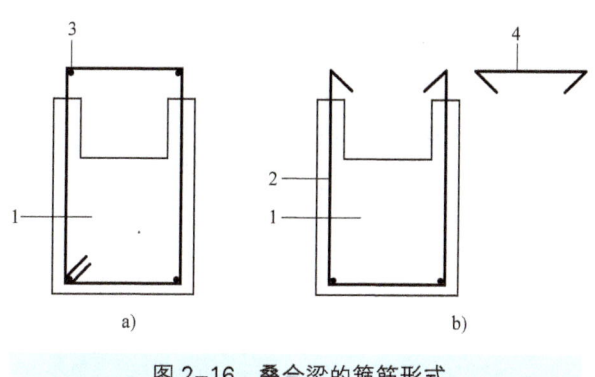

图 2-16 叠合梁的箍筋形式

a）整体封闭箍筋　b）组合封闭箍筋
1—预制梁　2—开口箍筋　3—上部纵向钢筋　4—箍筋帽

2.5.3 预制剪力墙

相对于现浇的剪力墙而言，预制剪力墙可以将墙体完全预制或做成中空，但预制剪力墙的主筋需要在现场完成连接。可在预制剪力墙外表面反打上外保温及饰面材料。剪力墙结构中一般部位的剪力墙可采用部分预制、部分现浇，也可全部预制；底部加强部位的剪力墙宜现浇。

预制剪力墙宜采用一字形，也可采用"L"形、"T"形或"U"形；预制墙板的洞口宜居中布置，楼层内相邻预制剪力墙之间的连接接缝应现浇，形成整体式接缝。当接缝位于纵横墙交接处的约束边缘构件区域时，约束边缘构件的阴影区域宜全部采用后浇混凝土，并应在后浇段内设置封闭箍筋，如图 2-17 所示。

图 2-17 预制剪力墙

2.5.4 预制柱

预制柱一般按层高进行拆分，也可以拆分为单节柱（图 2-18）与多节柱（图 2-19）。根据制造工艺分析，预制柱包括预制混凝土实心柱和预制混凝土矩形柱壳两种形式。预制柱的外观多种多样，有矩形、圆形和工字形等。在满足运输和安装要求的前提下，预制柱的长度可达到 12m 或更长。

图 2-18 单节柱

图 2-19 多节柱

2.5.5 预制楼梯

预制楼梯（图2-20）与支撑构件宜采用一端为固定端（图2-21）、一端为滑动端（图2-22）的简支连接。预制楼梯外观美观，但要避免在现场支模，以节约工期。预制简支楼梯受力十分明确，安装后可作为施工通道，解决了施工中的运输问题，保证了逃生通道的安全。

图 2-20 预制楼梯

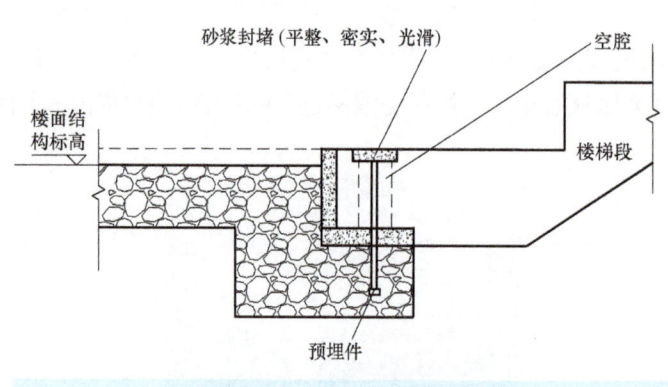

图 2-21 固定端连接构造

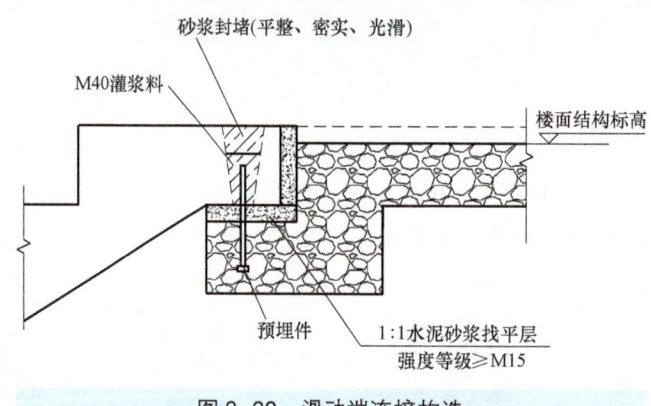

图 2-22 滑动端连接构造

预制楼梯的一些受力计算如下：

1）预制楼梯吊装验算，即

$$F=\gamma_1 G_k \quad (2-14)$$

式中　F——预制构件吊运荷载（N）；

γ_1——动力系数，取 1.5；

G_k——预制构件自重标准值（N）。

2）抗弯强度验算，即

$$K = \frac{f_{sk} A_s h_0}{M_d} \quad (2\text{-}15)$$

式中 K——吊装安全系数；

f_{sk}——钢筋标准强度（N/mm²）；

A_s——钢筋横截面面积（mm²）；

$A_s h_0$——截面有效高度（m）；

M_d——吊装弯矩（N·m）。

3）抗裂强度验算，即

$$\sigma = \frac{M_d}{0.87 A_s h_0} = 0.7 f_{sk} \quad (2\text{-}16)$$

式中 σ——各施工工况在荷载标准组合作用下产生的受拉钢筋应力（N/mm²）。

2.5.6 预制阳台板、预制空调板

预制阳台板（图 2-23）通常包括预制实心阳台板和预制叠合阳台板。预制阳台板能够克服现场制作阳台的缺点，解决了施工现场支模复杂、高处作业费时费力的问题。

预制空调板（图 2-24）通常采用预制混凝土实心板，板侧预留钢筋与主体结构相连，预制空调板通常与外墙板相连。

图 2-23 预制阳台板

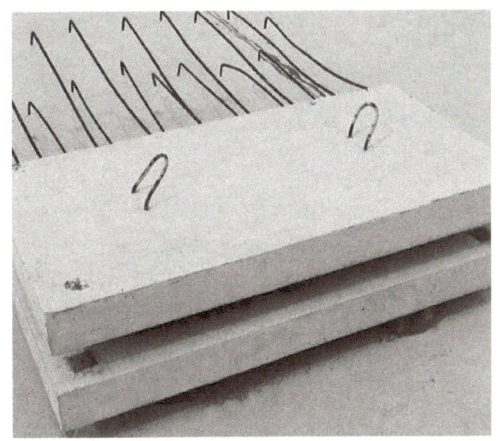

图 2-24 预制空调板

2.6 装配式混凝土构件的制作

2.6.1 基本要求

1. 基本规定

装配式混凝土构件的制作应在工厂或符合条件的施工现场进行。根据场地的不同、构件的尺寸及施

工实际需要等,可采取固定模位法、流水线生产等生产模式进行生产,生产设备应符合相关行业标准要求。根据《装配式混凝土结构技术规程》（JGJ 1—2014）的规定,装配式混凝土构件的制作需要遵循以下基本规定：

1）预制构件的制作单位应具备相应的生产工艺设施,并应有完善的质量管理体系和必要的试验检测手段。制作单位应符合国家及地方有关部门规定的有关硬件设施、人员配置、质量管理体系和质量检测手段等的规定。

2）预制构件制作前,应对其技术要求和质量标准进行技术交底,并应制定生产方案。生产方案应包括生产工艺、模具方案、生产计划、技术质量控制措施、成品保护、运输方案等内容。如预制构件制作详图无法满足制作要求时,应进行深化设计和施工验算,要完善预制构件的制作详图和施工装配详图。

3）预制构件用混凝土的和易性应根据产品类别和生产工艺要求确定,预制构件用混凝土的原材料及配合比设计应符合《混凝土结构工程施工规范》（GB 50666—2011）、《普通混凝土配合比设计规程》（JGJ 55—2011）和《高强混凝土应用技术规程》（JGJ/T 281—2012）等的规定。

4）预制构件采用钢筋套筒灌浆连接时,应在构件生产前进行钢筋套筒灌浆连接接头的抗拉强度试验,每种规格的连接接头试件数量不应少于3个。此条为强制性条文。

5）预制构件用钢筋的加工、连接与安装应符合《混凝土结构工程施工规范》（GB 50666—2011）和《混凝土结构工程施工质量验收规范》（GB 50204—2015）等的有关规定。

2. 模具组装

（1）固定模位法的模具组装

固定模位法的模具包括固定模台,以及各种构件的边模和内模。固定模台作为构件的底模,由工字钢与钢板焊接而成（图2-25）；边模作为构件的侧边和端部模具,通过螺栓与固定模台连接；内模为飘窗的模具,通过模具架与固定平台连接。

固定模位法模具的组装顺序：

1）模具组装前要先清理干净模台与模具。

2）均匀喷涂脱模剂（连接部位也要喷涂）。对于有粗糙面要求的模具面,如果采用缓凝剂工艺,则应涂刷缓凝剂。

3）选择正确的模具进行拼装,在拼装部位粘贴密封条以防止漏浆。

4）吊入钢筋骨架,浇筑混凝土。

图2-25 固定模台的模具组装

固定模位法生产模式是预制构件生产中历史最悠久的一种生产工艺,其优点是生产的构件重量大、操作应用灵活、可调整性较好；每个工序都是独立的，不会因为相邻工序出现问题后暂停而影响下一个工序；而且，设备投资相对较少。其缺点是劳动力资源不能够充分利用、场地有限、生产效率相对较低。固定模位法的固定模台底部可以安装加热和振捣装置等。

（2）流水线生产的模具组装

流水线生产模式将施工人员和混凝土的浇筑位置固定住，用挤压的方式使台座移动。生产线从平台清理、画线、装边模、喷涂、摆渡、布料、振捣、表面整平到磨平、养护、脱模等，全部采用自动为主、手动为辅的控制方式进行操作。

流水线生产模式是一种先进工业化的生产方式，优点是能够充分利用劳动力资源，有利于大规模生产；生产效率比较高，能够得到有效调控；由于流水线作业定岗定位，减少了操作时的劳动力浪费；产品的流动、翻身都不需要起重机的协助，提高了生产效率。其缺点是不适合生产形状、大小各不相同，种类各异的构件，以及立体构件或大型构件；员工对流水线全局了解不多，只是对本工位的技能比较熟练；生产订单要求稳定，才能保证流水线正常生产；一次性投资相对较高，成本较大。

流水线生产模式在组模时应符合以下规定：

1）模板的接缝应严密。
2）模具内不应有杂物、积水或冰雪等。
3）模板与混凝土的接触面应平整、清洁。
4）组模前应检查模具各部件、部位是否洁净，脱模剂喷涂是否均匀。

2.6.2 流水线生产工艺流程

下面以流水线生产工艺流程为例来讲解装配式混凝土构件的制作。

1. 模台的清扫

流水线上工人操作驱动装置驱动模台至清理工位，用清扫机的大件挡板挡住块体较大的混凝土块，防止大块的混凝土进入清理机内部损坏设备。使用立式旋振清理机组对模台表面进行精细清理，把附着在模台表面的小块混凝土残余清理干净。用风刀对模台表面进行最终清理，清洗机底部的废料回收箱用于收集清理下来的混凝土残渣，并输送到车间外部存放处理。模具的清理需要进行人工清理。

2. 模具的清理

1）用钢丝球或刮板将内腔残留的混凝土及其他杂物清理干净，使用压缩空气将模具内腔吹干时，要求用手擦拭后手上无浮灰。
2）所有模具拼接处均用刮板清理干净，要保证无杂物残留，要保证组模时无尺寸偏差。
3）清理模具各基准面的边沿，以利于表面收光时保证厚度要求。
4）清理模具外腔，并涂润滑油进行保养。

3. 组模

1）组模前先检查模板是否到位，如发现模具清理不干净，不得进行组模。
2）组模时应仔细检查模板是否有损坏、缺件，损坏、缺件的模板应及时维修或者更换。
3）选择正确的侧板型号进行拼装，拼装时不许漏放紧固螺栓。在拼接部位要贴密封胶条，密封胶条粘贴要平直，无间断、褶皱，胶条不应在构件转角处搭接。
4）各部位螺栓应拧紧，模具拼接部位不得有间隙，要确保模具的所有尺寸偏差控制在要求的范围以内。

5）模具组装应该按照组装顺序进行，特殊构件应该先将钢筋入模后再组装。

4. 钢筋骨架制作、预埋片的埋设

钢筋骨架制作包括钢筋调直、钢筋下料、钢筋绑扎或焊接钢筋骨架等内容。钢筋骨架、预埋片必须严格按照构件加工图及下料单制作，用工装保证预埋件及电器盒的位置，要将工装固定在模具上。叠合板钢筋骨架如图2-26所示。

图2-26 叠合板钢筋骨架

纵向钢筋（带灌浆套筒）及需要套螺纹的钢筋，不得使用切断机下料，必须保证钢筋两端平整。套螺纹的长度、螺距及梁底部纵筋必须满足设计图样要求，纵向钢筋（采用半灌浆套筒）按产品要求套螺纹，梁底部纵筋（直螺纹套筒连接）按照有关标准要求套螺纹，套螺纹机具应当指定有经验的工人操作，质检人员须按照有关规定进行抽验。

5. 预制构件混凝土的浇筑

浇筑前先检查混凝土坍落度是否符合要求，按照计划的混凝土用量搅拌混凝土。混凝土浇筑过程中要注意对钢筋网片及预埋件的保护，浇筑厚度应使用专门的工具测量，要严格控制。混凝土振捣后应当至少进行一次抹压。构件浇筑完成后应进行一次收光，收光过程中应当检查外露的钢筋及预埋件，并按照要求进行调整。浇筑过程中，应进行充分振捣，避免出现漏振造成的蜂窝、麻面现象。浇筑时按照实验室要求预留试块。混凝土浇筑时应符合下列要求：

1）混凝土应均匀连续浇筑，投料高度不宜大于500mm。

2）混凝土浇筑时应保证模具、门窗框、预埋件、连接件不发生变形或者移位，如有偏差应采取措施及时纠正。

3）混凝土宜采用振动台边浇筑边振捣，同时可采用振捣棒、平板振动器作为辅助。

4）混凝土从出机到浇筑，间隔时间不宜超过40分钟。

6. 养护

混凝土浇筑完之后，为了确保脱模强度，一般采用蒸汽加热养护方式对混凝土进行养护。

混凝土养护可采用覆盖浇水和塑料薄膜覆盖的自然养护、化学保护膜养护和蒸汽养护等养护方式。梁、柱等体积较大的预制混凝土构件宜采用自然养护方式；楼板、墙板等较薄的预制混凝土构件或冬季生产的预制混凝土构件，宜采用蒸汽养护方式。预制构件采用加热养护时，应制定相应的养护制度：

1）蒸汽养护时，应分为静养、升温、恒温和降温四个阶段。

2）静养时间一般为2～3h。

3）升温速度应为10～20℃/h。

4）梁、柱等较厚的预制构件，养护最高温度宜控制在40℃；墙板、楼板等较薄预制构件，养护温

度宜控制在60℃以下。恒温养护时间不少于4h。

5）降温速度不应大于10℃/h。

6）当预制构件的表面温度与外界温差不大于20℃时，方可撤出养护措施。

7. 预制构件的脱模与修补

预制构件脱模应严格按照顺序操作，严禁使用振动、敲打的方式脱模。脱模之前需做同条件试块的抗压试验，达到20MPa后方可拆模、脱模。模具拆卸完毕后，将底模周围打扫干净。

检查预制构件表面，如有影响美观的部分，或有轻微的掉角、裂纹时，要及时修补。

（1）掉角修补方法

一般的掉角，用锤子和錾子凿去松动部分，使基层清洁，涂一层修补乳胶液（按照配合比要求加适量的水），再将修补水泥砂浆补上即可；待初凝时再次抹平压光。必要时可用细砂纸打磨。

较大的掉角，要分两到三次修补，不要一次完成。修补时要用靠模，以确保修补处的平面与完好处平面保持一致。

（2）裂缝修补方法

修补前，必须对裂缝处混凝土表面进行预处理，除去基层表面上的浮灰、水泥浮浆、油渍和污垢等物，并用水冲洗干净；对于表面上的凸起、疙瘩，以及起壳、分层等疏松部位，应将其铲除，并用水冲洗干净，干燥后按规定进行修补。

2.7 装配式混凝土建筑施工

2.7.1 预制构件的存放与运输

预制构件在工厂生产完毕并经过质量检查验收后，会暂时存放在工厂的堆场中。混凝土构件预制厂内要设专用堆场，堆场一般设在靠近预制构件的生产线及轨道式起重机等起重机械所能到达的起重范围内。堆放构件时要注意应按构件类型分类、分垛堆放。

预制构件堆放储存应符合下列规定：场地应平整、坚实，并应有排水措施；堆放构件的支垫应坚实；预埋的吊件应朝上，标志应朝外；堆垛层数应根据构件与垫木或垫块的承载能力及堆垛的稳定性确定。

对于预制混凝土板等构件，最下层构件应用方木等垫实。重叠堆放的构件，各层间用100mm×100mm的长方木或100mm×100mm×200mm的木垫块垫实，各层垫木或垫块应在同一垂直线上，避免下层预制构件产生弯曲变形。垫木或垫块在构件下的位置宜与脱模、吊装时的起吊位置一致。垫木或垫块应铺设平整、牢固、坚实，堆垛层数应根据构件与垫木或垫块的承载能力及堆垛的稳定性确定。对于预制墙、板类构件，应采用专用的插放架直立并列堆放。预制构件的堆放如图2-27所示。

图2-27 预制构件的堆放

预制构件的运输车辆应满足构件尺寸和载重的要求，如预制构件的重量和体量很大，宜用低平板车运输，并采用专用托架，构件与托架应绑扎牢固。应根据构件的特点采用不同的叠放和装架方式，货架应进行专门设计。预制构件的运输如图 2-28 所示。

图 2-28　预制构件的运输

预制梁、预制楼板、预制阳台板宜采用平放运输，并用紧固绳与运输车固定。预制楼梯最好采用两点支点的方式平放运输，两个支点设置在距离梯段端部 $L/5 \sim L/4$ 处。预制叠合板可以采用叠放方式运输，但层与层之间要垫平垫实，叠放层数不宜大于五层，各层支垫要上下对齐，特别是最下面一层支垫要通长设置。

在预制装配式剪力墙结构中，预制剪力墙板可根据施工要求选择适宜的运输方式。对于外观复杂的平面墙板及非平面墙板，宜采用插放架、靠放架直立堆放，并宜采取直立运输的方式进行运输。插放架、靠放架应有足够的强度和刚度，并需支垫稳固。对采用靠放架立放的构件，宜对称靠放且外饰面朝外，其倾斜角度宜与地面保持大于 80°，并对称靠放，构件上部宜采用木垫块进行隔离。

2.7.2　起重机械配置

塔式起重机，简称为塔机，又称为塔吊，以标准节的不断接长（高）来吊运施工用的钢筋、木楞、混凝土、钢管等材料。

塔式起重机最顶部的"尖"的功能是承受臂架拉绳及平衡臂拉绳传来的上部荷载，并通过回转塔架、转台、承座等结构部件将荷载传递给塔身结构。塔式起重机的自升式塔顶有截锥柱式、前倾或后倾截锥柱式、人字架式及斜撑架式等形式。上旋转塔式起重机均需设平衡重，其功能是平衡力矩。除平衡重外，还常在上旋转塔式起重机的尾部装设起升机构。起升机构同平衡重一起安放在平衡臂的尾端，这样一方面可发挥部分配重的作用；另一方面可增大绳卷筒与塔尖导轮间的距离，以利于钢丝绳的排绕并避免发生乱绳现象。平衡重的用量与平衡臂的长度成反比关系，而平衡臂的长度与起重臂长度之间又存在一定的比例关系。平衡重的质量相当可观，轻型塔式起重机的平衡重一般至少有 3t，重型塔式起重机的平衡重可达 30t。

塔式起重机的选用和布置原则必须满足以下要求：

1）起吊重量 =（起吊构件重量 + 吊索、吊具重量 + 吊装架重量）× 1.2。

2）起升速度决定了吊装效率，应按照每天计划的吊装数量和吊装高度算出最小起升速度，起升速度要满足吊装需求。

3）计算起吊高度时需将吊索、吊具及吊装架的高度计算进去。

4）塔式起重机的选型应当在项目设计阶段与施工方确定下来，要确保拆分设计的构件能在塔式起重机的起重范围内。

5）如果塔式起重机需要附着在预制混凝土结构上，则在设计预制混凝土构件时要设计好附着需要的预埋件，在工厂制作构件时一并完成。不得用锚固的方式在预制混凝土上附着塔式起重机。

6）塔式起重机的位置应覆盖所有的工作面，不留工作盲区。

7）塔式起重机应方便支设和拆除，要满足作业的安全要求。

1. 轨道式塔式起重机

轨道式塔式起重机（图2-29）是一种能在轨道上行驶的起重机。这种起重机可负载行走，能在直线轨道上行驶，有的可沿"L"形或"U"形轨道行驶。轨道式塔式起重机有塔身回转式和塔顶旋转式两种。轨道式塔式起重机使用灵活性较好，它可带重物行走，作业面较大，生产效率较高，是结构安装工程的常用机械。

图 2-29　轨道式塔式起重机

2. 爬升式塔式起重机

爬升式塔式起重机（图2-30），又称为内爬式塔式起重机，一般安装在建筑物的电梯井或特设的开间内的结构上，依靠爬升系统随着结构的升高而升高，起重机通常每隔1~2层楼爬升一次，适用于现场较狭窄的高层建筑结构（框架、剪力墙）施工。

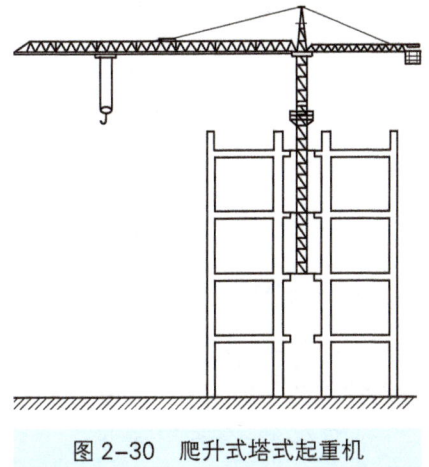

图 2-30　爬升式塔式起重机

爬升式塔式起重机的优点是起重机以建筑物作支撑，塔身较短（20m左右），重量较轻，起重高度较大，安装简单，而且不占建筑物外围空间；缺点是操作员不能看到起吊的全过程，需靠信号指挥，施工结束后拆卸复杂，一般需设辅助起重机进行拆卸。

3. 附着式塔式起重机

附着式塔式起重机（图2-31），又称为自升降式塔式起重机，操作时直接固定在建筑物或构筑物近旁的混凝土基础上，借助顶升系统将塔身自行向上接高，使起重高度不断增大。为了保证塔身的稳定，每隔20m高度左右将塔身与建筑物的锚固装置相连。附着式塔式起重机适用于高层建筑施工。附着式塔式起重机多为小车变幅式，因起重机装在结构近旁，操作员可看到吊装的全过程，施工过程不受安装与拆卸的影响。

图2-31 附着式塔式起重机

2.7.3 构件安装

1. 伸出钢筋定位

现浇混凝土伸出的钢筋是否准确是施工中非常重要的环节，直接影响到结构的安全性和构件能否顺利安装。保证伸出钢筋准确性的通常做法是使用钢筋定位模板，如图2-32所示。

图2-32 钢筋定位模板

2. 构件吊装

构件吊装时要注意以下事项:

1) 根据构件重量和起重设备的作业半径,选择和布置起重设备。
2) 设计吊索、吊具。吊具有点式吊具、一字形吊具、平面吊具和特殊吊具,如图 2-33 所示。
3) 检查构件安装部位的混凝土和准备吊装的构件的质量。
4) 水平构件(叠合板)在吊装前架设支撑,竖直构件(剪力墙)在吊装后架设支撑。
5) 构件吊装前须放好线,并做好标高调整。
6) 按照操作规程进行吊装,保证构件位置和垂直度的偏差在允许范围。
7) 水平构件安装后,要检查支撑体系的受力状态,并进行微调。
8) 竖直构件和没有横向支撑的梁应在吊装后架立斜支撑,同时注意调节斜支撑的长度以保证构件的垂直度。
9) 进行安装质量验收。
10) 构件起吊至距离地面 50cm 位置时,应稍作停顿,检查无滑勾、脱落情况再继续起吊。

图 2-33 吊具类型

a) 平面吊具 b) 点式吊具 c) 一字形吊具

3. 构件安装

(1) 竖向构件

竖向构件安装时,应将临时支撑架与其连接件提前安装在顶板上,预制外墙安装前应使用 PE 条(聚乙烯条)或其他弹塑性材料先进行外墙的外侧封边,构件下落到距离操作面 50cm 左右时,利用反光镜观察钢筋与套筒位置后缓慢下落,直至构架完全下落。将临时支撑安装在竖向构件上,使用靠尺对预制柱、预制墙体进行校核。

(2) 楼板构件

楼板构件在安装前,应根据图样要求,在墙上施放叠合板的安装位置控制线,避免安装时的累积误差。然后安装独力支撑(图 2-34)及龙骨,调整至合适高度。构件按照叠合板的安装位置控制线进行安装,注意校核板间距,利用独力支撑对叠合板的板底标高进行调整。

(3) 预制楼梯

预制楼梯安装前应根据设计要求,在休息平台的提梁上预留钢筋或螺栓,并在休息平台及其侧墙上施放左右、内外方向的标高位置控制线。根据标高位置控制线安装、调整并验收。由于预制楼梯为清水混凝土面层,为避免磕碰,应在安装后及时用竹胶板或多层板进行成品保护。预制楼梯安装如图 2-35 所示。

图 2-34 独力支撑

图 2-35 预制楼梯安装

思考与练习

2.1 我国装配式混凝土结构的发展特点是什么？
2.2 装配式建筑的钢筋连接方式有哪些？
2.3 叠合梁端竖向接缝的抗剪承载力如何计算？装配式剪力墙水平接缝的受剪承载力如何计算？
2.4 简述灌浆套筒连接的技术原理及要求。
2.5 简述浆锚连接的技术原理及要求。
2.6 简述塔式起重机的选用和布置原则。
2.7 吊装预制构件时有哪些注意事项？

第 3 章

装配式钢结构建筑

3.1 装配式钢结构建筑的概念和特点

3.1.1 装配式钢结构建筑的概念

装配式钢结构建筑是指建筑的结构系统由钢部（构）件构成的装配式建筑，其结构系统、外围护系统、设备与管线系统、内装系统的主要部分采用预制部品部件集成。装配式钢结构建筑与普通钢结构建筑相比有以下两点差别：

1）更加强调预制部件的集成。
2）不仅钢结构系统采用装配式，其他系统也要采用装配式。

按照这个定义，如果钢结构建筑外围护墙体采用的是砌块，则就无法称为装配式钢结构建筑；没有考虑内装系统的集成，也很难称作装配式钢结构建筑。

钢结构建筑是从铁结构（铸铁和熟铁）建筑发展而来的。铁结构建筑从诞生那天起就是彻头彻尾的装配式：在工厂里铸造或锻造构件，到现场用铆接的方式连接。进入"钢时代"后，钢材焊接技术在 1927 年被发明出来之前，钢结构建筑与铁结构建筑一样，也是采用铆接或螺栓连接，构件必须在工厂里加工，再到现场装配。在钢材焊接技术发明出来后，在没有钢结构工厂的地方，可以先用乙炔"切制"钢材，然后再进行焊接装配。此种做法尽管装配式的程度有所降低，但本质上还是装配式。

近几十年来，钢结构建筑和钢结构工厂越来越多，钢结构加工设备的自动化和智能化程度也越来越高，在现场切割、剪裁钢材的建造方式早已销声匿迹。目前所有的钢结构建筑，无论是高层建筑、多层建筑、低层建筑，还是单层的工业厂房，都是先在工厂加工构件，再到现场进行组装的装配式建筑。装配式钢结构如图 3-1 所示。

图 3-1 装配式钢结构

3.1.2 装配式钢结构建筑的特点

装配式钢结构建筑与普通钢结构建筑相比，有以下特点：

1）更强调钢结构构件的集成化和优化设计。
2）强调各个系统的集成化，尽可能采用预制部品部件。
3）强调标准化设计。
4）强调连接节点、接口的通用性与便利性。
5）部品部件制作更加精益化。
6）现场施工以装配式和干法作业为主。
7）基于BIM的全链条信息化管理。

装配式钢结构建筑的主要优点如下：

1. 安全性能好

装配式钢结构建筑有较好的延性，结构在冲击荷载作用下能吸收较多的能量，可以降低脆性破坏的危险程度，因此其抗震性能较好，尤其在高地震烈度区，装配式钢结构建筑显示出较高的安全性。

2. 轻质高强

装配式钢结构具有轻质高强（质量轻、强度高）的特点，特别适用于高层、超高层建筑。同等地震烈度情况下，适用建造的高度比钢筋混凝土建筑要高出1.5倍以上。

3. 绿色环保

装配式钢结构施工能够节省用水及用电量；大部分材料可拆装、可循环，回收率达70%；不需要高额的人工费用，少量工人便可盖起一栋品质卓越的装配式钢结构建筑，节约了人工开支；施工占用的施工面积很小，施工噪声也小，还可减少建造过程中产生的建筑垃圾。装配式钢结构施工过程基本符合"四节一环保"（节能、节地、节水、节材和环境保护）的要求。

3.2 装配式钢结构建筑的历史沿革

3.2.1 国外装配式钢结构建筑的发展历史

在房屋建造中使用金属结构最早可以追溯到18世纪末的英国。当时的棉纺厂经常发生火灾，因而在厂房结构中采用了铁框架。100多年后，美国的芝加哥学派建造了一批钢结构摩天大楼，法国工程师埃菲尔建造了著名的埃菲尔铁塔，金属建筑从此进入了第一个光辉时代。在那个时代，人们也开始建造金属结构的独户住宅，有些金属住宅至今状态良好。

在以后的半个多世纪里，钢筋混凝土结构兴起，金属在建筑领域里失去了它的名声和魅力，主要用于建造工厂、飞机库等。

后来，随着材料科学的发展，一些发达国家的钢铁工业规模迅速扩大，钢结构住宅得到初步发展。时至今日，钢结构住宅技术在世界发达国家的发展历史已达百余年。在欧美和日本等国家，建筑用钢量已达钢产量的三成以上，钢结构建筑面积占总建筑面积约四成以上，形成了各自的钢结构住宅体系。

法国是推广住宅工业化最早的几个国家之一，经历了几十年发展，法国的钢结构住宅体系已经成功过渡至实用体系，主要应用于多层集合式住宅。

英国的钢结构住宅体系，根据预制单元的工厂化程度不同可分为三个等级：

1）"Stick"结构，杆件在工厂加工制作，全部运输至现场后用螺栓或自攻螺栓连接。

2)"Panel"结构,钢构件以及墙板和屋面板等围护结构用专用的模具进行工厂化预制,然后现场拼接。

3)"Modular"结构,将整个房间作为一个单元全部在工厂预制,此种结构发展较快。

日本是世界上率先兴起住宅工业化的国家。目前,日本的工业化住宅有木结构、钢结构和混凝土结构三种形式。日本每年新建的低层住宅中,钢结构住宅约占七成以上。日本正在推广的钢结构住宅体系主要有以下几个特点:柱间距14.4m,可实现200m²的大空间内无柱,且可自由分隔成1~3户;框架采用钢管混凝土柱和耐火钢梁;地面为预制混凝土板+现浇钢筋混凝土结构,管道置于地板下部的中空空间;外墙板采用蒸压轻质混凝土板、预制混凝土板,内隔墙采用隔声性能好的强化石膏板,均为干式施工,施工速度快;设备与结构构件相独立,便于管道维修。

美国钢结构住宅的建造技术由传统的木结构住宅衍变而来。美国是采用钢结构住宅形式较早的国家之一,20世纪60年代,美国开始发展轻钢龙骨建筑结构,该体系以2英寸×4英寸(1英寸=0.0254m)为基本模数,适用于低层集合住宅和联排住宅的建造。20世纪80年代至今,美国逐渐实现了主体构件通用化和住宅部品化,构(配)件达到模数化、标准化和系列化,生产效率显著提高。在此过程中,美国于1997年发布了《住宅冷成型钢骨架设计指导性方法》,用于全方面地指导轻钢龙骨体系住宅的设计、施工。

总体说来,国外的钢结构住宅体系在模数化设计、标准化生产、装配化施工,以及节能、防火和抗震等方面已非常成熟,尤其是相配套的墙体、楼板等围护部件的应用十分完善,施工周期特别短,这值得我们借鉴和学习。

3.2.2 国内装配式钢结构建筑的发展历史

钢结构建筑的源头是生铁(铸铁)结构建筑。我国是应用生铁建造建筑物和构筑物的先行者。

世界上现存最早的铁结构建筑是建于1061年的我国湖北当阳玉泉寺铁塔(图3-2),高17.9m,重53.5t。

我国古代还用铁索造桥。云南澜沧江兰津铁索桥初建于15世纪末,现存铁索桥建于1681年。四川省泸定县的大渡河铁索桥(图3-3)建于1705年,宽2.8m,桥长100m。这两座铁索桥是现存的世界上最早的铁索结构桥梁。

图3-2 湖北当阳玉泉寺铁塔

图3-3 四川省泸定县的大渡河铁索桥

我国最早的钢结构高层建筑是建于1934年的上海国际饭店(图3-4),由匈牙利建筑师拉斯洛·邬达克设计，地上24层，高83.8m。进入20世纪90年代，我国的装配式钢结构建筑获得了突飞猛进的发展，1990年建成的深圳发展中心大厦（图3-5），是我国第一栋超高层钢结构建筑，主体高度146m。1995年建成的上海东方明珠电视塔，塔高468m，是当时我国最高的建筑物。

图3-4　上海国际饭店

图3-5　深圳发展中心大厦

20世纪90年代后，各种钢结构建筑，如网架结构、网壳结构、空间结构、拱-刚架混合结构体系、钢-混凝土混合结构、悬索结构，以及以门式刚架、拱形波纹屋顶为代表的轻钢结构等相继登台亮相，我国的钢结构建筑技术逐步走向成熟。

进入21世纪，我国建造了许多著名的钢结构建筑，包括国家大剧院、上海中心大厦、"鸟巢"等。2019年建成的北京大兴国际机场是全球第一大单体航站楼建筑工程，如图3-6所示，建筑总面积140万m^2，航站楼面积70万m^2。核心区屋顶、屋盖的钢结构投影面积达18万m^2，相当于25个足球场的面积。其使用的超大平面复杂空间曲面钢网格结构屋盖施工技术，达到国际领先水平。其屋面钢结构，由支撑系统和屋面钢网架组成，质量超过4.2万t，与"鸟巢"的钢结构质量相当。航站楼的屋面网架钢结构为不规则自由曲面，跨度达180m，最高和最低点起伏高差约30m。同时，主航站楼屋面网架质量超过3万t，却仅以8根C型钢柱（图3-7）为主要支撑，C型钢柱形成的空间能放下整个"水立方"。

图3-6　北京大兴国际机场

图3-7　北京大兴国际机场C型钢柱

目前,我国钢结构企业的规模、生产工艺和设备的先进化程度已经进入了国际先进行列,钢结构建筑在我国的发展前景良好。

3.3 装配式钢结构建筑的类型

3.3.1 装配式钢结构建筑的分类

1. 按建筑高度分类

装配式钢结构建筑按建筑高度分类,有单层装配式钢结构建筑、低层装配式钢结构建筑、多层装配式钢结构建筑、高层装配式钢结构建筑、超高层装配式钢结构建筑。

2. 按结构体系分类

装配式钢结构建筑按结构体系分类,有框架结构、框架-支撑结构、框架延性墙板结构、框架-筒体结构、筒体结构、巨型框架结构、门式刚架轻钢结构、大跨空间结构,以及交错桁架结构等。

3. 按结构材料分类

装配式钢结构建筑按结构材料分类,有钢结构、钢-混凝土组合结构等。

3.3.2 低层、多层装配式钢结构体系

1. 集成房屋

集成房屋(图 3-8)先在工厂预制墙体、屋面等,以钢结构作为承重结构,然后在现场迅速装配。集成房屋的特点是标准化模块生产,易于拆迁、移动、安装及运输,可重复使用。集成房屋的优点是集成程度高、施工周期短、绿色环保、湿作业少,以及可回收利用。集成房屋主要用于临时用房建筑。

图 3-8 集成房屋

2. 模块化结构体系

模块化结构体系(图 3-9)分为全模块化建筑结构体系、模块单元与传统框架结构复合体系、模块单元与板体结构复合体系三类。全模块化建筑结构体系是指建筑全部由模块单元装配而成,适用于多层建筑房屋,一般适用层数为 4~8 层。模块单元与传统框架结构复合体系是指以一个框架平台作为上部模块化建筑的基础,并在此平台上部进行模块单元安装。模块单元与板体结构复合体系是指以模块单元堆叠形成一个核心,并在其周围布置预制承重墙板和楼板,一般应用于 4~6 层的建筑。

图 3-9 模块化结构体系

a）全模块化建筑结构体系　b）模块单元与传统框架结构复合体系　c）模块单元与板体结构复合体系

3. 轻钢龙骨结构体系

轻钢龙骨结构体系（图 3-10）中，先由立柱、梁、拉条或撑杆等部件组成龙骨，然后再与复合墙体组成整体。轻钢龙骨结构体系是通过钢龙骨与工程板的协同作用来承受各种荷载，又称为板肋结构体系，这种结构体系可把建筑物的荷载均匀分散开，把局部集中荷载减少到最低的程度。

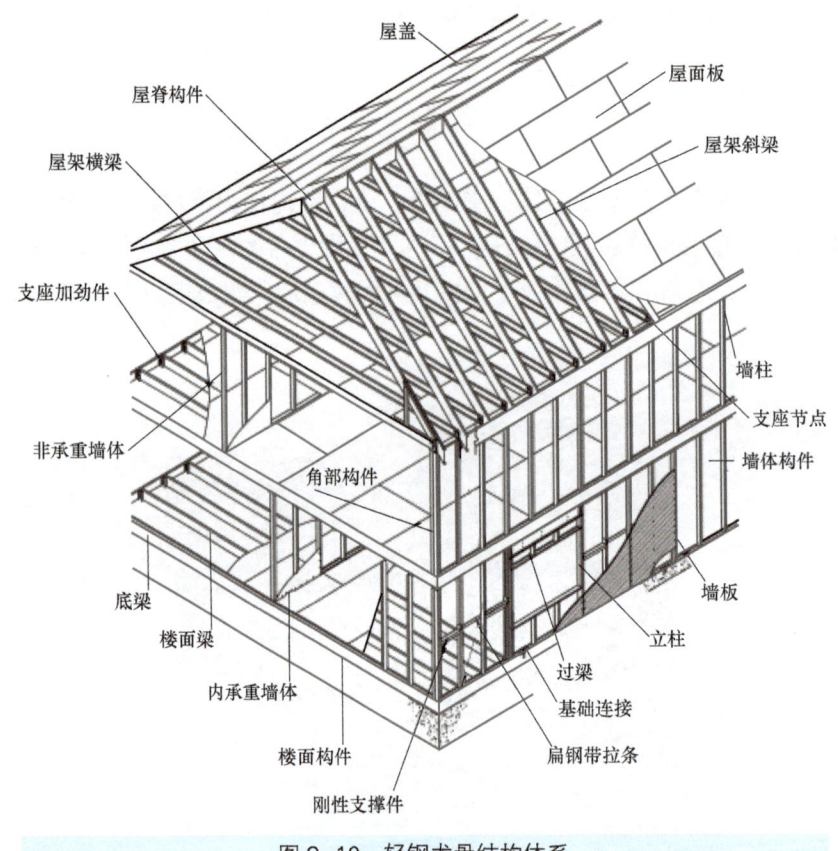

图 3-10 轻钢龙骨结构体系

4. 多层轻钢框架结构体系

多层轻钢框架结构体系（图 3-11）在多层钢结构住宅中的应用十分广泛。该体系下，纵横向都设成钢框架，门窗设置十分灵活，可提供较大的开间，便于用户二次设计，满足各种需求；钢框架考虑楼盖的组合作用，运用在低层和多层住宅中，一般能满足抗侧刚度要求；钢柱截面为高频焊接 H 型钢或冷弯方钢管，钢梁截面主要为高频焊接 H 型钢。

图 3-11 多层轻钢框架结构体系

3.3.3 中高层装配式钢结构体系

1. 钢框架结构体系

钢框架结构体系（图 3-12）是指在纵横方向均由钢梁与钢柱构成，且主要用于承受竖向荷载和水平荷载的结构体系。钢框架结构体系的主要受力构件是框架梁和框架柱，梁、柱共同作用抵抗竖向荷载和水平荷载。钢框架结构体系是一种典型的柔性结构体系，其抗侧刚度仅由框架提供。钢框架梁截面常采用 I 形、H 形和箱形等种类，钢框架柱截面常采用 H 形、空心圆管形或方矩形等种类。

2. 钢框架 – 支撑结构体系

钢框架 – 支撑结构体系（图 3-13）以钢框架结构为基础在结构纵横向的部分框架柱之间设置竖向支撑，进而提高结构的整体抗侧刚度。钢框架主要承受竖向荷载，钢支撑则承担水平荷载，形成双重抗侧力的结构体系。

图 3-12 钢框架结构体系

图 3-13 钢框架 – 支撑结构体系

3. 钢框架 – 剪力墙结构体系

框架结构中，中心支撑与偏心支撑受杆件的长细比限制，截面尺寸较大，受压时易发生失稳屈曲。为了解决上述问题，提高结构的侧向刚度，可在框架结构中设置部分剪力墙，使框架和剪力墙两者结合起来，取长补短，共同抵抗水平荷载，这就形成了钢框架 – 剪力墙结构体系（图 3-14）。在此结构体系中，由于剪力墙刚度大，剪力墙分担了大部分的水平荷载，是抗侧力的主体；钢框架承担竖向荷载和少量的水平荷载，为结构提供了较大的使用空间。

与钢框架结构相比，钢框架-剪力墙结构体系的总体受力性能良好，结构刚度和承载力均显著提高，在地震作用下层间变形减小，因而减小了非结构构件（隔墙与外墙）的损坏。但钢框架-剪力墙结构体系的不足之处在于安装比较困难，制作较为复杂，此类结构体系常用于多层和高层结构，应用较为广泛。

图 3-14 钢框架-剪力墙结构

3.4 装配式钢结构建筑的生产与运输

3.4.1 生产工艺分类

不同的装配式钢结构建筑，生产工艺、自动化程度和生产组织方式各不相同。大体上，可以把装配式钢结构建筑的构件制作工艺分为以下几个类型：

1）普通钢结构构件制作，即生产钢柱、钢梁、支撑、剪力墙板、桁架、钢结构配件等。

2）压型钢板及其复合板制作，即生产压型钢板、钢筋桁架楼承板、压型钢板-保温复合墙板与屋面板等。

3）网架结构构件制作，即生产平面或曲面网架结构的杆件和连接件。

4）集成式低层钢结构建筑制作，即生产和集约钢结构在内的各个系统，如建筑结构、外围护、内装、设备管线系统的部品部件与零（配）件。

5）低层冷弯薄壁型钢建筑制作，即生产低层冷弯薄壁型钢建筑的结构系统与外围护系统的部品部件。

3.4.2 钢结构制作与安装

1. 普通钢结构构件的制作

1）将型钢剪裁至设计长度，或将钢板剪裁成设计的形状、尺寸。

2）将不够长的型钢焊接接长，或拼接钢板（如剪力墙板）。

3）用钢板焊接成需要的构件（如H形柱、带肋的剪力墙板等）。

4）用型钢焊接桁架或其他格构式构件。

5）在钢构件上钻孔，包括构件连接用的螺栓孔、管线通过用的预留孔。

6）除锈。

7）进行防腐蚀处理。

2. 加工下料

1）下料应按要求预留收缩量（现场焊接收缩量）及加工余量（切割、铣端），切割后的飞边应清理干净。

2）下料后的钢板、型钢的切割面不得有分层、裂纹和棱角等缺陷；钢板、型钢的下料允许偏差应符合相关规范的规定，焊接构件外露切割面的边缘处应进行倒角处理。

3）下料和切割应符合以下规定：主要受力构件和需要弯曲的构件，在下料时应按工艺规定的方向取料，弯曲件的外侧不应有冲样点和伤痕缺陷；下料应有利于切割和保证零件质量；型钢的下料宜采用锯切。

4）边缘加工应符合下列规定：

①需进行边缘加工的构件或零件，宜采用精密切制来代替机械加工。

②焊接时的坡口加工宜采用自动切割、半自动切割、刨边等方法进行。

③坡口加工时，应采用样板控制坡口的角度和各部分尺寸。

3. 组装

1）钢结构构件的组装应按制作工艺书中的顺序进行，组装前应对组件进行严格检查，填写实测记录，制作必要的工装。

2）焊接H型钢、箱形构件的组装宜在组焊生产线上进行，当构件的外形尺寸超出生产线范围时，应在组装胎架或组装平台上进行构件的组装焊接。组装平台可由型钢搭设，高度约为0.5m，要确保平面度。

3）组装前，应首先检查H型钢梁柱、圆管截面柱、箱形截面柱等半成品，以及牛腿、柱脚底板、钢梁端板等附件，确认上述零（部）件合格后方可进行组装。

4）除保证组装尺寸外，还应严格控制焊接接头的坡口质量、钝边尺寸的精度和定位焊缝的质量，定位焊缝所用焊接材料应与母材材质相匹配。

5）组装后的矫正可采用机械方法、加热方法或机械与加热联合方法，矫正的环境温度要求应符合《钢结构工程施工规范》（GB 50755—2012）的规定。

6）钢板对接接头时，允许偏差应符合《高层民用建筑钢结构技术规程》（JGJ 99—2015）的规定；钢构件组装成品的外形和尺寸偏差应符合《钢结构工程施工质量验收规范》（GB 50205—2001）及《高层民用建筑钢结构技术规程》（JGJ 99—2015）的规定。

4. 焊接

1）在钢结构工程中，首次采用的钢材、焊接材料、焊接方法、接头形式、焊接位置、坡口形式、预热和后热措施、焊接参数等，应在钢结构制作及安装施工前进行焊接工艺评定，且评定结果应符合设计及《钢结构焊接规范》（GB 50661—2011）的规定。

2）钢结构焊接前，应清除焊接接头及周围的油、锈、水及其他污物，应选择正确的焊接材料、焊接设备和焊接参数进行焊接。

3）钢结构焊接应根据工艺评定合格的试验结果和数据，编制焊接工艺文件；焊接工作应严格按所编工艺文件中规定的焊接方法、焊接参数和施焊顺序进行，且应符合《钢结构焊接规范》（GB 50661—2011）的规定。

4）焊接时应根据环境温度、钢材材质、钢材厚度，选取相应的预热温度对焊件进行预热。

5）在正式焊接前，应复查组装质量、定位焊质量和焊接部位的污物清理情况；对不符合质量要求的部位，应进行修改，合格后方可施焊。

6）对接接头、T形接头和全熔透的角部焊缝，应在焊缝两端设置起弧板和落弧板。对于焊条电弧焊，起弧板的长度不应小于25mm；对于埋弧焊，起弧板的长度不应小于80mm。引焊到起弧板的焊缝长度不应小于起弧板长度的2/3。

7）在焊接过程中，引弧应在焊道外进行，严禁在母材上打火引弧；焊枪、焊把等焊接工具不应放在母材上。

8）当板厚超过30mm且有淬硬倾向的焊接，以及拘束度较大的低合金高强度结构钢的焊接，必要时可进行后热处理，后热处理的时间应按每25mm板厚加热1h为宜。后热处理应在施焊后立即进行，后热的加热范围为焊缝两侧各10mm，温度测量应在距离焊缝中心线50mm处进行。

3.4.3 钢结构构件的运输与堆放

构件出厂前应进行包装，要保障构件在运输及堆放过程中不破损、不变形。对超高、超宽、形状特殊的大型构件，运输和堆放时应制定专门的方案。

1. 构件运输的注意要点及保证措施

1）要确保正常运输、合理运输，不得损坏构件和发生运输事故。钢结构运输如图3-15所示。

2）构件应按说明书作业指导书的要求进行包装，主要构件采用立式装载运输，运输工具上必须有固定装置，以保证构件在运输途中能稳固不动和互不影响。

3）所有构件，尤其是立放的构件与构件之间的垫板、隔板要保证紧密贴靠。

4）构件运输时要保持成套性，装车时必须按规定方法搁置构件，并且保证构件在运输途中不受损伤。

5）为保证构件在运输过程中不发生变形，要用专用的固定夹具进行分类包装。

图3-15 钢结构运输

2. 构件的装卸和堆放

所有构件的装卸除按规定采用起重机外，还需采取一些必要的措施加以保护，如架设枕木、垫块等。材料、构件到现场后，应按施工顺序分类堆放，尽可能堆放于平整不积水的场地，底部要垫放枕木、垫块，有关注意事项如下：

（1）设立堆放场地的准备工作

清理并平整堆放场地，铺设专用线路；准备装卸用的机械及起重设备。

（2）长条形构件的堆放

堆放时应放在木垫板上，分层以木垫板作为间隔。木垫板的设置位置应均匀，以免构件变形。构件的堆放高度不宜过高。

（3）其他构件的堆放

同一标准的结构放在一个范围内，每堆垛要留通道，堆垛高度不宜大于2m。易于散落的单件构件的堆放要上小下大，并配备护栏。

钢结构构件不得直接放在地上，应垫高200mm以上。侧向刚度较大的构件可以水平堆放，当多层堆放时，必须使各层垫木在同一垂直线上。

3.5 装配式钢结构建筑施工

1. 一般规定

1）在钢结构安装前，设计单位在设计文件交付施工时应向施工单位和监理单位进行详细的设计交底。安装单位应根据设计文件编制安装工程施工组织设计；对复杂的异形结构，应进行施工过程的模拟分析，并采取相应的安全技术措施。

2）进行钢结构的深化设计时，应综合考虑安装要求，如吊装构件的单元划分、吊点和临时连接件的位置、对位和测量控制基准线、焊接的坡口方向和形式等。

3）进行施工过程验算时，应考虑塔式起重机的位置及其他施工活荷载、风荷载。

4）钢结构安装时，应有可靠的作业通道和安全防护措施，应制定极端天气下的安全措施。

5）安装用的焊接材料、螺栓、螺钉和涂料等，应具有产品质量证书、材料试验报告、出厂合格证明，其质量应符合现行国家标准的规定。

6）安装前，应对构件的外形尺寸、螺栓孔直径和位置、连接件的位置和角度、焊缝、高强度螺栓接头抗滑移面的加工质量、构件的表面涂层等进行全面检查，符合设计文件及现行国家标准的要求后，方可施工。

2. 质量检查

1）钢构件制作单位应在钢构件成品出厂前，将每个构件的质量检查记录和产品合格证交给安装单位。对梁、柱、支撑等主要构件，应在安装现场进行复查；对误差大于允许偏差的构件应进行修复。

2）钢构件的弯曲变形、扭曲变形，以及构件上连接板、孔洞等的位置和尺寸，应以构件轴线为基准进行检查。

3）构件分段应综合考虑加工、运输条件，以及现场起重设备的起吊能力；钢柱分段一般是三层一节，分段位置位于楼层钢梁顶标高以上1.2~1.3m处；钢梁和支撑一般不宜分段，若必须分段，应同设计单位协商确定。

4）构件各分段单元应能保证吊运过程中的强度和刚度，必要时应采取加强措施。

3. 安装顺序

1）钢结构的安装应遵循以下顺序：安装流水区段的划分、安装顺序的确定、施工图和安装顺序表的编制、构件安装。

2）安装流水区段可按建筑物的平面形状、结构形式、安装机械数量、现场施工条件等因素划分构件的安装顺序，平面上应从中间向四周拓展，竖向应由下向上逐步安装。

3）安装顺序表应在构件安装前编制，且应表明构件的平面布置图、构件所在的详图编号、构件所用的节点板和安装螺栓的规格与数量、构件的重量等。

4）构件接头的现场焊接应按下列顺序进行：安装流水区段主要构件的安装与固定、构件接头焊接顺序的确定、焊接顺序图的绘制和现场施焊。

5）构件接头的焊接顺序，平面上应从中部对称向四周扩展，竖向可采用有利于方便施工和保证焊接质量的顺序。构件接头焊接顺序图应根据接头的焊接顺序绘制，且应列出顺序编号，注明焊接参数。

4. 临时支撑和临时固定措施

有的竖向构件安装后需要设置临时支撑，组合楼板安装也需要设置临时支撑，因此要进行临时支撑设计。有的构件在安装过程中需要采取临时固定措施，如屋面梁在安装后需要等水平支撑安装固定后再最终固定，所以要采取临时固定措施。

5. 钢结构安装注意事项

1）钢柱的安装应先调整标高，再调整水平位移，最后调整竖向偏差，且应重复上述步骤直至标高、位移和竖向偏差符合要求。

2）主要构件安装完成后应立即进行校正与固定。当天安装的钢构件应形成稳定的空间体系。安装单元的全部钢构件安装完成后，应形成空间刚度单元。

3）钢结构安装时，楼面上堆放的安装荷载应加以限制，不得超过钢梁和压型钢板的承载能力。

4）一节钢柱的各层梁安装完毕且经过验收合格后，应立即铺设各层楼面的压型钢板或楼板；同时，安装本节柱范围内的各层楼梯。一个流水段的一节钢柱的全部钢构件安装完毕且验收合格后，方可进行下一个流水段的安装工作。

5）钢结构连接节点检查合格后，方可紧固或焊接。

6）要进行防火防腐涂层喷涂。

钢结构的安装如图 3-16 所示。

图 3-16 钢结构的安装

思考与练习

3.1 装配式钢结构的优点是什么？

3.2 简述轻钢龙骨结构体系。

3.3 中高层装配式钢结构的结构体系有哪些？

3.4 安装钢结构时有哪些注意事项？

第4章 装配式木结构建筑

4.1 装配式木结构建筑的概念

4.1.1 基本概念

木结构建筑,一般都是先制作好结构构件,如柱、梁、檩子等,再装配起来。因此,从结构装配的角度而言,凡是木结构建筑都属于装配式建筑。

木结构建筑以其建造容易、环境友好、冬暖夏凉、节能环保、低碳绿色、贴近自然等优点,深受人们的喜爱。木结构建筑符合我国的可持续发展战略,因其使用的木材强度-重量比高、性能独特,又是可再生资源,且能反复利用。

4.1.2 装配式木结构建筑的优点

1. 实际使用面积大

由于墙体厚度的差别,装配式木结构建筑的实际使用面积比普通砖混结构要高出58%。

2. 工期短

采用装配式施工,对气候的适应能力较强,也不会像混凝土工程那样需要很长的养护期。另外,装配式木结构建筑还适应低温作业,因此冬期施工不受限制。

3. 舒适

由于木结构优异的保温特性,人们可以享受到木结构住宅冬暖夏凉的特性。另外,木材为天然材料,绿色无污染,不会对人体造成伤害,材料透气性好,易于保持室内空气清新及湿度均衡。

此外,装配式木结构建筑的优点还有:稳定性高、重量轻、可降低人工成本等。

4.1.3 装配式木结构建筑的缺点

装配式木结构建筑的缺点如下:
1)易遭受火灾,易受白蚁侵蚀和雨水腐蚀。
2)相比砖石建筑,木结构建筑维持时间不长。
3)成材的木料由于施工量的增加而紧缺。
4)梁架体系较难实现复杂的建筑空间等。
5)防火设防要求高。

4.2 装配式木结构建筑的历史沿革

4.2.1 国外装配式木结构建筑的发展历史

古希腊早期的庙宇等建筑物,都是木构架的。由于木构架容易腐朽和失火,而古希腊的制陶业发展较早,技术也不错,于是就利用陶片来保护木构架。

古罗马在木结构的应用中，在大型的公共建筑上除了使用拱顶和穹顶之外，也使用木桁架。

在15世纪，英国对原有的木桁架进行了一项很大的改革，即"托臂梁桁架"，与拱肋相结合，可产生较大的跨度。

俄罗斯民间长久以来流行木结构建筑。由于结构技术较差，跨度不大，因此把它升高，形成墩式体形，再做成攒尖式的顶子，称为"帐篷顶"。民间建筑在这个时候对宫廷建筑产生了重要的影响，产生了充满向上动势的"帐篷顶"教堂形式，如图4-1所示。

图4-1 俄罗斯"帐篷顶"木教堂

19世纪，随着锯木厂和蒸汽动力的圆锯的出现，工厂可以生产出大量的规格材，轻质框架木结构得到发展。这种木结构房屋结构可靠、构件合理、施工简便、使用舒适且经久耐用。

人工改良的木材即工程木的发展及其结构应用，适合于建造大型复杂的木结构。例如，于1997年采用胶合木建造的日本秋田县大馆市海树体育馆（图4-2），其跨度达178m。大跨空间木结构，是一个国家装配式木结构建筑技术发展水平的标志。

图4-2 日本秋田县大馆市海树体育馆

4.2.2 我国装配式木结构建筑的发展历史

木结构建筑是人类文明史上最早的一种建筑结构形式,在三千多年前,我国出现了最早的木结构框架体系,这种结构形式以优秀的性能和美学价值被广泛推广应用。

在唐宋时期,木结构的建筑形式已具有相当的标准化程度,唐朝时期编制的《大唐六典》及北宋时期李诫编制的《营造法式》等书,都系统地介绍了木结构建筑的相关技术及标准。也是在这个时期,我国木结构的建筑形式及技术标准被广泛传播到国外,例如日本、朝鲜以及西方的一些国家。

忻州市的南禅寺(图4-3),建于公元782年,距今已有一千二百多年的历史,是我国现存最早的唐代木结构建筑。应县木塔(图4-4),又叫佛宫寺释迦塔,建于公元1056年,后于公元1195年增修完毕,是我国现存最高的一座木构塔式建筑。明清时期,我国的木结构建筑更是获得了长足的发展,取得了令人瞩目的成就,建筑结构更为复杂多样,施工技术更为成熟规范,那个时期很多的木结构建筑都被完好保存下来,成为我国木结构发展史上永远的丰碑。例如北京故宫中的太和殿(图4-5),占地面积$2377m^2$,结构最高处达到35.5m,可谓气势磅礴、雄伟大气。

图4-3 南禅寺

图4-4 应县木塔

图4-5 故宫太和殿

后来一段时期的滥砍滥伐,导致我国的森林资源大幅度缩减,我国在20世纪60年代开始逐步限制木结构的使用,木结构在我国的研究与应用陷于停滞,相关的木结构工作者也纷纷转行。直至90年代末,我国引进了轻型木结构,标志着木结构的研究与应用在我国逐步恢复,并且在最近10年的发展中愈发地欣欣向荣,许多的科研机构及高等院校都开展了对于传统木结构、轻型木结构及胶合木结构在结构体系和抗震减灾以及耐久性等诸多方面的研究并取得了一定的进展,在对相关标准的制定方面,也得到了国家的重视,及时颁布了《木结构工程施工质量验收规范》(GB 50206—2012)、《胶合木结构技术规范》(GB/T 50708—2012)以及《建筑设计防火规范》(GB 50016—2014)等国家级法规,从而满足了我国木结构建筑在新时期下的发展需要。

随着我国对建筑物节能减排的日益重视,以及国外现代木结构产品及技术的大量引入,木结构建筑在我国得到了越来越多的关注。在我国未来的建设和发展过程中,减少建筑工程的碳排放和污染物排放,建造可持续发展的、有利于环境保护的建筑,营造健康、和谐的人居空间等,将是越来越多的设计师追求的目标。

4.3 装配式木结构建筑的类型

4.3.1 轻型木结构

轻型木结构(图4-6)是指主要由木构架墙、木楼盖和木屋盖系统构成的结构体系,是结构规格间距较密(0.3m、0.4m、0.6m)的木框架结构,适用于三层及三层以下的民用建筑。轻型木结构所用规格材和木基结构板,都是标准化和规格化的工业产品,可以大批量生产,价格低廉;轻型木结构用钉连接,是装配式木结构中最简捷的连接方式,施工效率高。

图4-6 轻型木结构

轻型木结构房屋的基础通常为混凝土基础,然后将由木材和覆面板(楼面板)制成的楼盖锚固在基础上,这为墙体框架的建造提供了工作平台。墙体框架也是由木材和覆面板(墙面板)组成的,每个墙肢相互连接,同时与楼盖也连接在一起,连接后的墙肢在其顶部再用规格材连接紧固,此时第一层楼的墙体就形成了。

对于两层楼的房屋,可将第二层楼的楼盖锚固在第一层楼的墙顶上,从而为建造第二层楼的墙体框架提供工作平台。对于三层楼的房屋,可重复上述建造工序。

由木材和覆面板(屋面板)制成的屋盖应安装在顶楼的墙顶上,并与墙顶紧固在一起。这是轻型木结构房屋的最后一道安装程序。轻型木结构房屋通过螺栓锚固于混凝土基础上。屋面板和墙面板通过钉子固定在规格材上。楼面板用钉子或螺钉固定,通常也结合使用结构用胶加以固定。房屋框架各构件之间通常用钉子以及各种规格的金属连接板连接。同时使用规格材和覆面板能提供墙体、楼盖和屋盖所需的刚度。大量结构构件及连接件的使用使得结构可以通过多种途径传递荷载,防止建筑物突然倒塌,并可有效地抵抗地震和强风。

轻型木结构的抗震特点如下：

1）轻型木结构是一种采用小断面规格木材通过钉和金属连接件连接固定建造而成的建筑物，木材本身就具有弹性，在外力作用下有一定的变形和恢复能力；而钉节点与金属连接件节点和传统木结构中的榫卯节点有异曲同工之效，都具有一定的变形能力，这样轻型木结构就形成了一个柔性结构。

2）结构自重轻，同等体量下木材的重量仅为混凝土重量的 1/5～1/4，相同体量的建筑物，结构自重越小受到的地震作用也越小，所以轻型木结构受到的地震作用比较小。

3）轻型木结构采用规格材作为墙体骨柱，定向刨花板或胶合板等结构性能稳定的板材作为覆面板，可形成具有良好抗侧能力的木剪力墙，这也是结构主要的抗侧力构件。

4）小断面密布的轻型木结构是柔性结构，有很大的结构冗余度以及一定范围内的变形能力，结构可以通过自身的变形来消耗能量，提高了整体安全性。当发生地震时，在上述各特点的共同作用下，轻型木结构体现出良好的"以柔克刚"的抗震性能。

4.3.2 胶合木结构

胶合木结构（图 4-7）是指用胶粘的方法将厚度不大于 45mm 的木料或木料与胶合板拼接成尺寸与形状符合要求而又具有整体木材效能的构件和结构。

图 4-7 胶合木结构

4.3.3 方木原木结构

方木原木结构是指承重构件主要采用方木或原木制作的单层或多层建筑结构。

方木原木结构在《木结构设计标准》（GB 50005—2017）中被称为普通木结构。一般情况下是以木结构承重构件采用的主要木材材料来划分木结构建筑，因而在装配式木结构建筑的国家标准中，将普通木结构改称为方木原木结构。

方木原木结构的结构形式主要包括穿斗式结构（图 4-8）、抬梁式结构（图 4-9）、井干式结构（图 4-10）、梁柱式结构（图 4-11）、木框架剪力墙结构（图 4-12），以及作为楼盖或屋盖在其他材料结构中（混凝土结构、砌体结构、钢结构）组合使用的混合结构，这些结构都是在梁与柱连接节点处、梁与梁连接节点处采用钢板、螺栓或销钉以及专用连接件进行连接。方木原木结构的构件及其钻孔等构造通常在工厂加工制作。

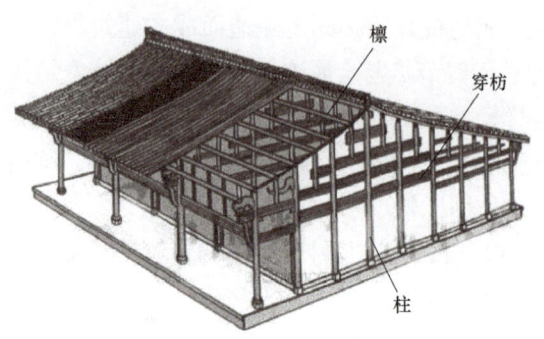

图 4-8 穿斗式结构

图 4-9 抬梁式结构

图 4-10 井干式结构

图 4-11 梁柱式结构

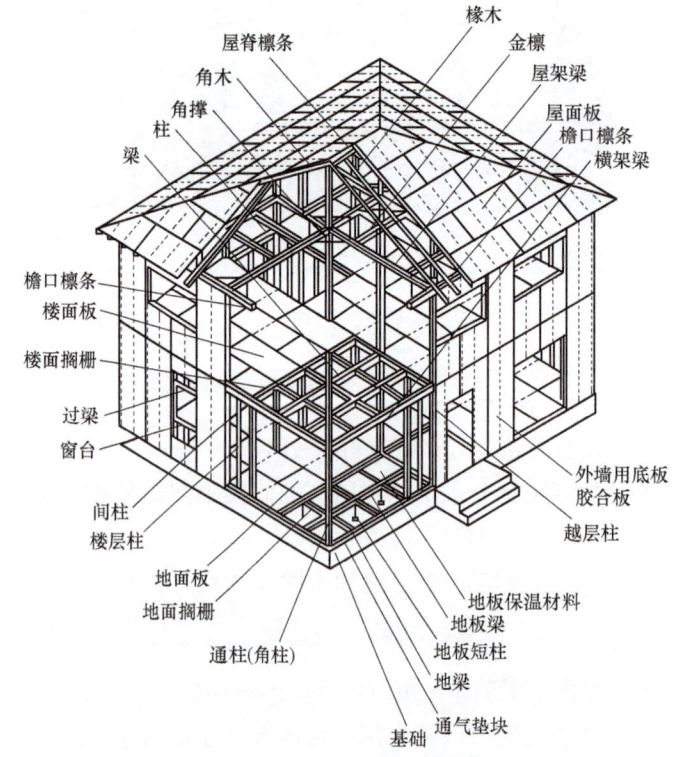

图 4-12 木框架剪力墙结构

4.3.4 组合结构

组合结构是指木结构与其他材料组成新结构的建筑，主要是与钢结构、钢筋混凝土结构或砌体结构进行组合。组合结构的组合方式有上下组合和水平组合，也包括既有建筑平改坡的屋面系统和钢筋混凝土结构中采用木骨架的组合墙体系统。上下组合时，下部结构通常是钢筋混凝土结构。

4.4 装配式木结构建筑的材料

4.4.1 木材

1. 方木和原木

方木和原木应从规范所列树种中选用，主要承重构件应采用针叶材；重要的木制连接构件应采用细密、直纹、无痂节和无其他缺陷的耐腐蚀的硬质阔叶材。

方木原木结构在进行构件设计时，应根据构件的主要用途选用相应的材质等级。使用进口木材时，应选择缺陷少、耐腐蚀性好的树种。首次采用的树种，应严格遵守先试验后使用的原则。

2. 胶合木

用于胶合木板材的树种分为软木和硬木两类。各个国家和地区在其制定的标准中，均主要侧重于利用当地的树种进行胶合木的生产。美国主要用道格拉斯冷杉、南方松、花旗松、黄松、北美红枫、阿拉斯加雪松和东部云杉等作为结构用胶合木的树种。欧洲地区主要用欧洲赤松、红松、落叶松、云杉和冷杉等作为结构用胶合木的树种。加拿大主要用云杉、红杉、铁杉、小干松、西部白松、旱地松和花旗松等作为结构用胶合木的树种。我国主要用落叶松、南方松、杉木等作为结构用胶合木的树种。

通直胶合木的板材厚度可采用较大值，而弯曲胶合木的板材厚度则受弯曲的曲率半径和树种物理特性的限制，且对板材厚度有限值要求。胶合木用的板材一定要经过人工干燥，较厚的板材干燥困难，而且干燥时间较长，干燥费用较高；板材太厚时，在胶合时不易压平，造成加压不均匀，从而导致胶缝处受力不均匀，对胶合构件的承载力产生不利影响。但采用薄板材切削加工的出材率低，胶合木截面高度相同时，所含的层板数量越多，胶粘剂消耗量越大，会提高胶合木的成本。一般胶合木用的板材厚度为10～50mm。

3. 结构复合材

结构复合材被广泛地用于轻型木结构的梁、柱、过梁，以及重型木结构的构件。结构复合材在加工过程中，对原材料的缺陷进行了分离，提高了结构强度。强度试验数据显示，结构复合材的抗弯强度是标准强度等级的规格材的三倍，刚度则提高了30%。

4. 规格材

规格材是指按照一定尺寸和模数制成的实心锯材。

木材用于施工时，对含水率有以下要求：

1）现场制作方木或原木构件的木材，含水率不应大于25%。

2）板材、规格材和工厂加工的方木，含水率不应大于20%。

3）方木原木结构中受拉构件的连接板，含水率不应大于18%。

4）胶合木层板和正交胶合木层板的含水率应为8%～15%，同一构件各层木板间的含水率差别不应大于5%。

5）井干式结构的构件采用原木制作时，含水率不应大于25%；采用方木制作时，含水率不应大于20%；采用胶合木材制作时，含水率不应大于18%。

4.4.2 金属材料

1. 螺栓

装配式木结构建筑中的承重构件、组件和部品连接用的螺栓应满足下列要求：

1）普通螺栓应符合《六角头螺栓》（GB/T 5782—2016）和《六角头螺栓 C 级》（GB/T 5780—2016）的规定。

2）高强度螺栓应符合《钢结构用高强度大六角头螺栓》（GB/T 1228—2006）、《钢结构用高强度大六角螺母》（GB/T 1229—2006）、《钢结构用高强度垫圈》（GB/T 1230—2006）、《钢结构用高强度大六角头螺栓、大六角螺母、垫圈技术条件》（GB/T 1231—2006）、《钢结构用扭剪型高强度螺栓连接副》（GB/T 3632—2008）的有关规定。

3）锚栓可采用《碳素结构钢》（GB/T 700—2006）中规定的 Q235 钢或《低合金高强度结构钢》（GB/T 1591—2018）中规定的 Q345 钢制成。

2. 钉

钉的材料性能应符合《紧固件机械性能》（GB/T 3098）系列规范及其他相关现行标准的规定和要求。

4.4.3 结构用胶

承重木结构的结构用胶，应保证其胶合强度不低于木材顺纹的抗剪强度和横纹的抗拉强度。结构用胶的耐水性和耐久性，应与结构的用途和使用年限相适应，并应符合环境保护的要求。可能受潮的结构及重要的建筑物，应采用耐水胶；承重结构用胶，除应具有出厂质量证明文件外，产品使用前还应按规范的规定检验其胶粘能力。

4.5 装配式木结构建筑连接设计简述

4.5.1 装配式木结构建筑连接节点设计需要考虑的因素

1. 木材干缩、湿胀的特性

木材是一种天然材料，其含水率会随着空气湿度的变化而变化。实际环境中，木材总是不断地进行吸湿和解吸。在纤维饱和点以下，随着含水率的降低，其纵向和横向的尺寸都会变小，体积也因此变小，这种现象称为木材的干缩。木材的含水率在纤维饱和点以下时，木材的尺寸随着含水率的增加而增大，这种现象称为木材的湿胀。同一树种，其纵向、径向和弦向的干缩率有较大区别，纵向最小、径向居中、弦向最大，最大可达 6%～12%。设计木结构的连接节点时，需要考虑木材的这一特殊性质，特别是梁与柱或梁与钢构件的连接处，如果连接件限制了木材干缩变形的发展，木材可能发生劈裂。

2. 木材横纹抗拉强度低

木材是一种各向异性材料，木材纵向、径向和弦向的性能差异较大。在各个方向的抗拉强度中，横纹的抗拉强度最小，只有顺纹抗拉强度的 1/40～1/10。在木结构设计中，应时刻注意避免在构件中产生横纹受拉。

3. 木材抗剪强度较低

木材的顺纹抗剪强度较低，大约只有其抗弯强度的 1/10。在梁式构件中，如果外荷载作用点和支座较近，木梁端部处于高剪应力状态，容易发生剪切劈裂。如果连接处的剪面上正好设置了螺栓，则裂缝可能穿过栓孔，使得木梁端部仅靠螺栓的下侧部分工作，降低了其抗弯承载力，造成更加严重的破坏。

4.5.2 装配式木结构建筑连接节点设计的原则

为了保证木结构连接节点在结构使用年限内具有一定的承载力、刚度，应遵循如下基本原则进行构造设计：

1）连接节点处应避免出现积水，并避免使木构件受潮。
2）应避免使木构件直接暴露于外部环境中。
3）避免木构件端头直接与混凝土接触。
4）如果小蒸气可以从螺栓孔处进入，应采用防腐剂对螺栓孔进行处理，同时可用油脂或硅胶涂抹螺栓。
5）如果工作环境湿度较大，则要对木构件进行防腐处理。特别要注意的是防腐处理并不能防止木材的干缩与湿胀，设计节点时仍然要考虑避免约束木构件的干缩变形。
6）如果在含盐的水中或沿海环境中使用，应采用不生锈的金属或对金属连接件进行防腐处理。
7）尽可能采用传力路径直接的连接方式。

4.6 装配式木结构建筑的构件制作

装配式木结构建筑的构件制作是指单个木构件的工厂化制作，如梁、柱等构件和组成组件的基本单元构件的工厂化制作，主要适用于普通木结构和胶合木结构。构件预制属于装配式木结构建筑的最基本方式，构件运输方便，并可根据客户的具体要求实现个性化生产。

构件制作的要点：
1）木构件应按照设计文件制作，制作工厂要有完善的质量管理体系。
2）制作前应制订制作方案，包括制作工艺要求、制作计划、成品保护等。
3）制作过程中宜控制周围环境的温度、湿度，木材含水率应符合设计文件的规定。
4）制作构件时应采取防潮、防水、防火、防虫等保护措施。

4.7 装配式木结构建筑施工

4.7.1 安装准备

1. 基础工程

装配式木结构建筑的基础一般采用钢筋混凝土条形基础，也可以采用刚性条形基础，必要时可以采用桩基础或筏形基础。基础的设计与构造应满足《建筑地基基础设计规范》（GB 50007—2011）和《混凝土结构设计规范》（GB 50010—2010）的相关规定，同时要注意以下几点：

1）依据施工图进行测量放线，检查基础结构的尺寸、标高是否与设计文件相符。
2）检查基础平整度：2m 以内的平整度偏差不大于 4mm，且整体的平整度偏差不大于 10mm。
3）房屋基础底座的方木采用铬化砷酸铜（CCA）防腐木材，下垫一层普通 SBS 卷材防潮。

2. 其他工作准备

1）装配式木结构建筑在施工前应编制施工组织设计。
2）安装人员应培训合格后上岗，特别是起重机操作员与起重工的培训。
3）做好起重设备、吊索、吊具的配置与设计。
4）进行吊装验算时，构件搬运、装卸时的动力系数取 1.2；构件吊运时的动力系数取 1.5。动力系数可根据实际受力情况和安全要求适当增减。
5）准备好临时堆放与组装场地，也可在楼层平面进行上一层楼的部品组装。
6）对于安装工序要求复杂的组件，宜选择有代表性的单元进行试安装，并根据安装结果，对施工方案进行调整。

7）安装施工前，应进行以下检查：检查安装用材料及配件是否符合设计和国家标准的要求；检查构件的外观质量、尺寸偏差、材料强度和预留连接位置等；检查连接件及其他配件的型号、数量和位置；检查预留管线、线盒等的规格、数量、位置及固定措施等。以上检查若不合格，不得进行安装。

4.7.2 安装要点

1. 吊点设计

吊点设计应符合以下要求：

1）对于已拼装构件，应根据结构形式和跨度确定吊点。施工方须进行试吊，证明结构具有足够的刚度后方可开始吊装。

2）杆件吊装宜采用两点吊装，长度较大的构件可采取多点吊装。

2. 吊装要求

1）对刚度较差的构件，应根据其在提升时的受力情况用附加构件进行加固。

2）吊装过程应平稳，构件吊装就位时，应使其拼装部位对准预设部位垂直落下。

3）正交胶合木墙板吊装时，宜采用专用吊绳和固定装置，移动时采用锁扣扣紧。

4）柱的安装应先调整标高，再调整水平位移，最后调整垂直偏差。柱的标高、位移、垂直偏差应符合设计要求。

5）水平组件安装应复核支撑位置连接件的坐标，与金属、砖、石、混凝土等的结合部位要采取相应的防潮防腐措施。

6）安装柱与柱之间的主梁构件时，应对柱的垂直度进行检测。除检测梁两端柱子的垂直度变化外，还应检测相邻各柱因梁连接影响而产生的垂直度变化。

7）桁架可逐榀吊装就位，或多榀桁架按间距要求在地面用永久性支撑或临时性支撑组合成数榀后一起吊装。

3. 连接施工

连接施工时应注意以下几点：

1）螺栓应安装在预先钻好的孔中。预钻孔不能太小或太大，太小时，如果对木构件重新钻孔，会导致木构件开裂，而这种开裂会极大地降低螺栓的抗剪承载力；相反，如果孔洞太大，销槽内会产生不均匀压力。一般来说，预钻孔的直径比螺栓直径大 0.8～1.0mm，同时螺栓的直径不宜超过 25mm。

2）螺栓连接中，力的传递主要依赖于孔壁的挤压，因此连接件与被连接件上的螺栓孔必须同心。

3）预留多个螺栓钻孔时，宜将被连接构件临时固定后一次贯通施钻。安装螺栓时应拧紧，要确保各被连接构件紧密接触，但拧紧时不得将金属垫板嵌入胶合木构件中。

4）螺栓连接中，垫板尺寸只需满足构造要求，无须验算木材横纹的局压承载力。

思考与练习

4.1　装配式木结构建筑的优点是什么？

4.2　什么是轻型木结构？其抗震特点是什么？

4.3　装配式木结构建筑连接节点设计需要考虑哪些因素？

4.4　装配式木结构建筑连接节点设计应遵循哪些原则？

第 5 章 装配式组合结构建筑

5.1 装配式组合结构建筑的概念和特点

5.1.1 装配式组合结构建筑的概念

首先强调，装配式组合结构并不是指"混合结构＋装配式"，而是一个广义的概念。"混合结构"按照行业标准《高层建筑混凝土结构技术规程》（JGJ 3—2010）（以下简称《高规》）的定义，是"由钢框架（框筒）、型钢混凝土框架（框筒）、钢管混凝土框架（框筒）与钢筋混凝土核心筒所组成的共同承受水平和竖向作用的建筑结构。"简而言之，混合结构就是钢结构与钢筋混凝土核心筒混合的结构。

《高规》定义的混合结构是个范围很窄的概念，仅限于有钢筋混凝土核心筒的钢结构建筑。有核心筒的结构体系属于筒体结构，要么是筒中筒结构，要么是稀柱筒体结构。

这里所说的装配式组合结构，未必是筒体结构，更不一定有核心筒，而是指一座建筑是由不同材料的预制构件组合而成的。例如，钢结构建筑中采用了混凝土叠合楼板、装配式混凝土厂房采用了钢结构屋架、装配式钢筋混凝土外筒与钢结构中的柱、梁组合等，都属于装配式组合结构。

下面给出一个定义：装配式组合结构建筑是指"建筑的结构系统（包括外围护系统）由不同材料的预制构件装配而成的建筑"。

5.1.2 装配式组合结构建筑的特点

装配式组合结构建筑有以下特点：
1）由不同材料的预制构件装配而成。
2）预制构件是结构系统（包括外围护系统）构件。

装配式组合结构建筑的优点与缺点如下：

1. 装配式组合结构建筑的优点

1）可以更好地实现建筑功能，装配式混凝土建筑采用钢结构屋盖时，可以获得大跨度的无柱空间。
2）可以更好地实现艺术表达。
3）可以优化结构。
4）施工更加方便。

2. 装配式组合结构建筑的缺点及局限性

1）结构计算复杂，有的装配式组合结构建筑没有现成的计算模型和计算软件可以对应。
2）不同材料构件的连接设计缺少标准支持。
3）制作和施工安装需要更紧密的协同。
4）对施工管理要求高。

5.2 装配式组合结构建筑的类型

装配式组合结构建筑按预制构件材料的组合分类有以下类型：

1. 装配式混凝土结构 + 钢结构

此类型的结构系统及外围护系统由混凝土预制构件和钢结构构件装配而成。

2. 装配式钢结构 + 木结构

此类型的结构系统及外围护系统由钢结构构件和木结构构件装配而成。

3. 装配式混凝土结构 + 木结构

此类型的结构系统及外围护系统由混凝土预制构件和木结构构件装配而成。

4. 其他装配式组合结构

这些类型的结构系统及外围护系统由其他材料的预制构件组合而成，例如纸管结构与集装箱组合的建筑。

5.3 装配式混凝土结构和钢结构组合结构建筑

装配式混凝土结构和钢结构组合结构建筑（图 5-1）是由混凝土预制构件与钢结构构件装配而成的建筑，是比较常见的装配式组合结构，其常用组合类型主要有以下两种：

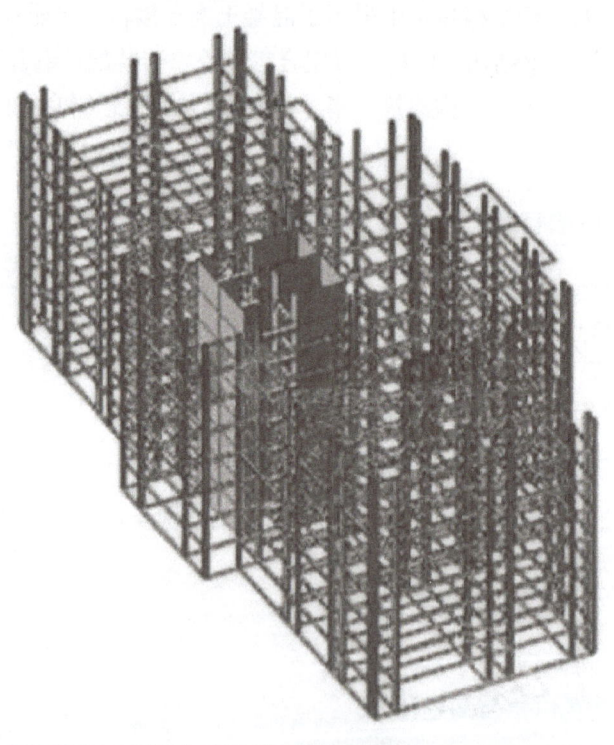

图 5-1 装配式混凝土结构和钢结构组合结构建筑

1. 混凝土结构为主，钢结构为辅

此类型主要包括以下形式：

1）多层或高层建筑采用预制混凝土柱、梁、楼盖，以及钢结构屋架与压型复合板屋面。
2）高层筒体结构建筑采用预制钢筋混凝土外筒，以及钢结构内柱与梁。
3）单层工业厂房采用预制混凝土柱、吊车梁，以及钢结构屋架与压型复合板屋盖。
4）多层框架结构工业厂房采用预制混凝土柱、梁、楼盖，以及钢结构屋架与压型复合板屋盖。

2. 钢结构为主，混凝土结构为辅

此类型主要包括以下形式：
1）钢结构建筑采用预制混凝土楼盖，包括叠合板、预应力空心板、预应力叠合板、预制楼梯、预制阳台等。
2）钢结构建筑采用预制混凝土梁、剪力墙板等。
3）钢结构建筑采用预制混凝土外挂墙板。

5.4 装配式钢结构和木结构组合结构建筑

装配式钢结构和木结构组合结构建筑的主要类型包括：
1）以钢结构为主，木结构为辅，木结构兼作围护结构，突出了木结构的艺术特色。
2）钢结构与木结构并行采用。
3）以木结构为主，需要结构加强的部位采用钢结构。

5.5 装配式混凝土结构和木结构组合结构建筑

装配式混凝土结构和木结构组合结构建筑的主要类型包括：
1）在装配式混凝土建筑中，采用整间板式木围护结构。
2）在装配式混凝土建筑中，用木结构屋架或坡屋顶。
3）装配式混凝土结构与木结构的"混搭"组合。

5.6 其他装配式组合结构建筑

其他装配式组合结构建筑包括：
1）钢筋混凝土结构或钢-悬索结构建筑。
2）钢结构支撑体系和张拉膜组合结构建筑，这种建筑比较多见。
3）装配式纸板结构和木结构组合结构建筑，如坂茂设计的神户纸板木结构教堂。
4）装配式纸板结构和集装箱组合结构建筑。

思考与练习

5.1 什么是装配式组合结构？
5.2 装配式组合结构建筑的优点有哪些？缺点是什么？
5.3 装配式组合结构建筑有哪些类型？

第 6 章

装配式建筑外围护系统

6.1 装配式建筑外围护系统综述

6.1.1 外围护系统的概念

人类对建筑的需求，是需要一个遮风挡雨、防晒御寒的空间，这个空间首先是由外围护系统的屋盖和墙体"围成"的；基础和主体结构都是为外围护系统提供支撑，围绕外围护系统而存在的。外围护系统用以抵御风雨、温度变化、太阳辐射等，应具有保温、隔热、隔声、防水、防潮、耐火、耐久等性能。

根据装配式建筑国家标准，外围护系统是指由建筑外墙、屋面、外门窗及其他部品部件等组合而成，用于分隔建筑室内外环境的部品部件的整体。

6.1.2 外围护系统的类型

凡是可用于现浇混凝土建筑和其他非装配式建筑的外围护系统都可用于装配式建筑。不过，装配式建筑强调外围护系统的集成化和预制化，故不应简单照搬其他外围护系统的常规做法。装配式建筑的外围护系统可按照集成方式、建筑部位等进行分类。

1. 按照集成方式分类

1）门窗一体化外围护系统。
2）保温一体化外围护系统（包括夹心保温、内保温和反打外保温）。
3）装饰一体化外围护系统。
4）多功能一体化外围护系统。

2. 按照建筑部位分类

（1）屋盖围护系统

大多数的装配整体式混凝土建筑的屋盖采用现浇混凝土，即使采用叠合屋盖，叠合层也是现浇的，因此与现浇混凝土建筑的屋盖基本没有区别。

全装配式混凝土结构、装配式组合结构、钢结构和悬索结构的屋盖系统会用到装配式构件，包括预制混凝土屋面板、预应力空心板、预应力双T板、压型保温复合钢板等。

（2）墙体围护系统

装配式建筑的墙体围护系统或由结构柱、梁（剪力墙板）构成；或由非结构构件如外挂墙板、玻璃纤维增强水泥墙板构成；或由单元式幕墙构成。整体飘窗、阳台板等也属于围护系统构件。图 6-1～图 6-6 是不同墙体围护系统的例子。

图 6-1　柱、墙板、窗户外墙系统

图 6-2　柱、墙板、窗户、阳台系统

图 6-3　钢板外墙

图 6-4　木材外墙

图 6-5　清水混凝土外挂墙板

图 6-6　唐山第三空间

（3）屋盖-墙体一体化围护系统

有的装配式建筑的屋盖与墙体是一体的，没有明显界限，如澳大利亚悉尼歌剧院的混凝土空间薄壁结构，新西兰基督城纸教堂的人字形坡屋顶，如图 6-7 和图 6-8 所示。

图 6-7 澳大利亚悉尼歌剧院

图 6-8 新西兰基督城纸教堂

3. 按照材料分类

1）水泥基围护系统。

2）木结构围护系统。

3）金属围护系统。

4）玻璃单元式幕墙。

4. 按照结构功能分类

（1）承重外围护系统

此系统包括预制混凝土剪力墙外墙板，兼有围护功能的预制混凝土梁、柱，木结构承重组合结构等。

（2）非承重外围护系统

此系统包括预制混凝土外挂墙板（PC 墙板）、玻璃纤维增强水泥墙板（GRC 墙板）、超高性能混凝土墙板（UHPC 墙板）、蒸压加气轻质混凝土墙板（ALC 板）、蒸压加气轻质纤维水泥板、压型保温复合钢板、木结构墙板。

6.2　装配式建筑外墙保温

装配式建筑外墙保温构造主要有三种类型：外墙外保温、外墙内保温和填充保温。外墙外保温是在外围护墙体外敷设保温层；外墙内保温是在外围护墙体内敷设保温层；填充保温是指外围护墙体由内外两层板组成，保温层填充其间，如压型复合保温钢板、木结构和钢结构外墙龙骨间敷设保温层、夹心保温板等。

6.2.1　外墙外保温

外墙外保温是一种把保温层放置在主体墙材外面的保温做法，不影响内部装修，同时主体墙板受温度应力变形较小，所以应用十分广泛，其构造如图 6-9 所示。

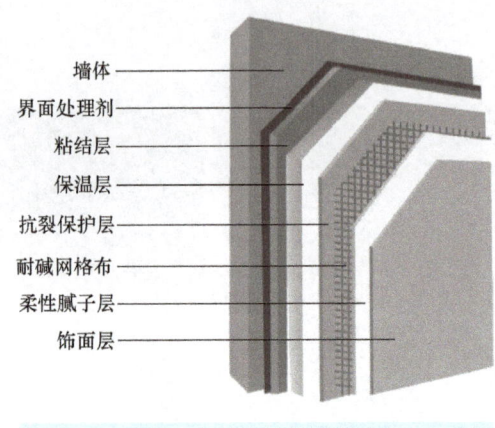

图 6-9　外墙外保温构造

1. 外墙外保温的优点

适用范围广泛，保温、隔热、节能效果好，冷桥少，墙体可以蓄热，不影响室内装修等。

2. 外墙外保温的缺点

1）保护层施工相对困难，易发生脱落。

2）水蒸气渗透阻力过大，墙体内的湿迁移水分无法排除，易导致保温层受潮膨胀而剥落。

3）建筑表面的艺术表达受到很大的限制。

6.2.2　外墙内保温

外墙内保温（图 6-10）是一种传统的保温做法，在欧洲一些国家应用较多，它本身做法简单，造价较低，但是在热桥的处理上很容易出现问题。近年来，由于外墙外保温的飞速发展和国家的政策导向，外墙内保温在我国的应用有所减少，但在我国的夏热冬冷和夏热冬暖地区，还是有很大的应用空间和潜力。

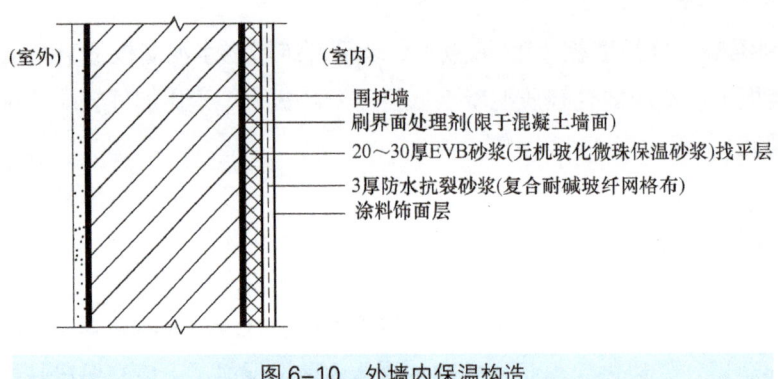

图 6-10　外墙内保温构造

1. 外墙内保温的优点

1）居住舒适感好。

2）有利于防火。

3）造价低、耐久性好。

2. 外墙内保温的缺点

1）占用一定的建筑面积，不便住户的二次装饰和重物吊挂。

2)梁、柱和墙板的连接处,保温层被断开,影响室内保温隔热。

3)不宜在严寒和寒冷地区使用,内表面易出现结露、发霉等问题。

6.2.3 夹心保温板

夹心保温板是预制构件中技术含量较高、工艺简化率较高的构件之一,与传统的保温形式相比,夹心保温板集承重、围护、保温、防水、防火等功能于一体,具有明显的技术优势。夹心保温板宜采用平模工艺生产,生产时应先浇筑外叶墙板混凝土层,再安装保温层和拉结件,最后浇筑内叶墙板混凝土,这样可以使保温层与结构层的耐久度一致。夹心保温板构造如图 6-11 所示。

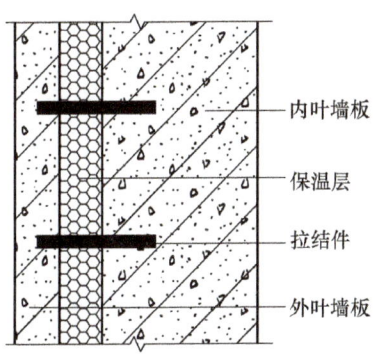

图 6-11 夹心保温板构造

1. 夹心保温板的优点

1)由于有了至少 50mm 厚的外叶墙板的保护,防火性能明显提高。

2)外叶墙板不会像薄层灰浆那样容易裂缝或脱落。

3)外叶墙板用拉结件与内叶墙板连接,只要设计、施工不出错,保温层就不会脱落。

4)外叶墙板可以直接做成装饰层或作为装饰面层的基层。

2. 夹心保温板的缺点

1)增加了外叶墙板的重量,给结构增加了负担。

2)增加了无效的建筑面积。

3)成本增加较多。

4)内外叶墙板之间的拉结件施工需要进行严格的监督。

5)建筑外立面的造型受到限制。

6.3 装配式建筑外墙的主要类型

6.3.1 混凝土剪力墙结构外墙

混凝土剪力墙结构外墙围护系统由剪力墙、连梁、窗、窗下墙和阳台等构件构成,其结构拆分有三种方式:整间板方式、窗间墙板方式和三维墙板方式。

(1)整间板方式

此种方式下,门窗洞口两侧的剪力墙与连梁、窗下墙一体化制作成整间板,纵横墙的交接处采用后浇混凝土连接，如图6-12所示。

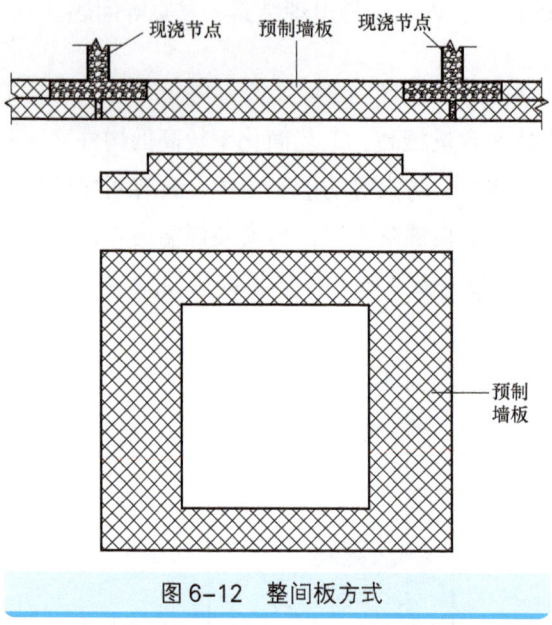

图6-12 整间板方式

（2）窗间墙板方式

此种方式下，剪力墙外墙的窗间墙采取预制方式，与门窗洞口上部的预制叠合连梁后浇连接，窗下墙板为轻质墙板，窗间墙、连梁与窗下墙板围合形成门窗洞口。窗间墙与横墙的连接采用后浇混凝土，设置在横墙端部。窗间墙板方式如图6-13所示。

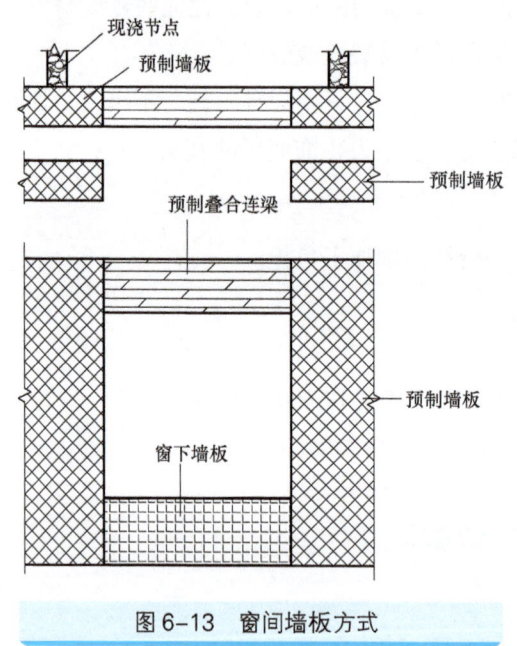

图6-13 窗间墙板方式

（3）三维墙板方式

此种方式下，剪力墙的外墙窗间墙连同部分横墙一起预制成"T"形或"L"形三维构件，与门窗洞口上部的预制叠合连梁后浇连接，窗下墙板为轻质墙板。三维墙板与横墙的连接为后浇混凝土，设置在横墙边缘构件以外的位置。三维墙板方式如图6-14所示。

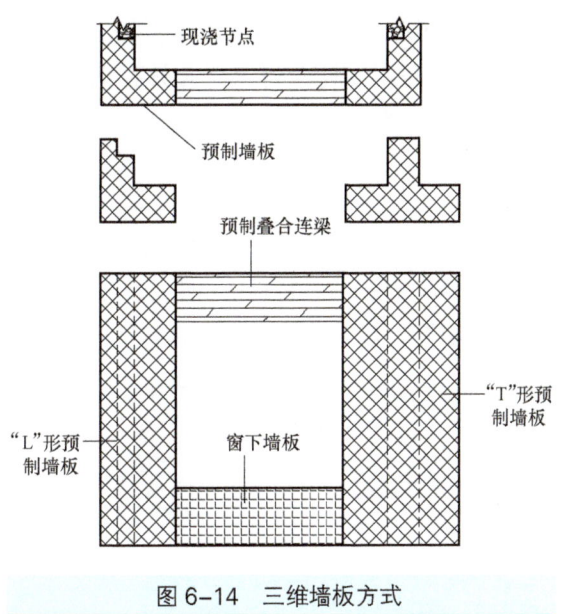

图 6-14 三维墙板方式

6.3.2 预制混凝土外挂墙板

预制混凝土外挂墙板是安装在主体结构（一般为钢筋混凝土框架结构、框剪结构、钢结构）上起围护、装饰作用的非承重预制混凝土外墙板，按装配式结构的装配程序分类属于"后安装法"，如图 6-15 所示。

预制混凝土外墙挂板可充分体现大型公共建筑外墙独特的表现力，具有防腐蚀、耐高温、抗老化、无辐射、防火、防虫、不变形等基本性能，同时还具有造型美观、施工简便、环保节能等优点。

预制混凝土外挂墙板与主体结构的连接采用柔性连接构造，主要有点支撑和线支撑两种安装方式，按装配式结构的装配工艺分类属于"干作法"。

图 6-15 预制混凝土外挂墙板

6.3.3 玻璃纤维增强水泥墙板

玻璃纤维增强水泥墙板是以低碱度水泥砂浆为基材，耐碱玻璃纤维为增强材料，制成板材面层，内置钢筋混凝土肋，并填充绝热材料内芯，以台座法一次性制成的新型轻质复合墙板。由于有玻璃纤维增强，玻璃纤维增强水泥墙板的抗弯强度可达到 18N/mm^2，是普通混凝土墙板的 3 倍，因此可做成薄壁构件，一般厚度为15mm，墙板表面可以附着5～10mm厚的彩色砂浆面层。玻璃纤维增强水泥墙板具有高强度、高韧性、高抗渗性、高耐候性的特点，并具有良好的防火、绝热和隔声性能，适用于混凝土梁柱体系建筑、钢结构和木结构建筑。

6.3.4 蒸压加气轻质混凝土墙板

蒸压加气轻质混凝土墙板是以粉煤灰（或硅砂）、水泥、石灰等为主原料，使用经过防锈处理的钢筋网片增强，经过高温、高压、蒸汽养护制成的一种性能优越的轻质混凝土墙板。蒸压加气轻质混凝土墙板既可作为墙体材料，又可作为屋面板，是一种性能优越的新型建材，如图6-16所示。

图6-16　蒸压加气轻质混凝土墙板

思考与练习

6.1　什么是外围护系统？
6.2　外围护系统有哪些类型？
6.3　装配式建筑外墙保温有哪些构造类型？
6.4　装配式混凝土剪力墙结构外墙围护系统如何拆分？

第7章

装配式建筑的集成化设计、模数化设计、标准化设计与协同设计

装配式建筑设计必须符合有关政策、法规及标准的规定。在满足建筑使用功能和性能的前提下，采用模数化、标准化、集成化的设计方法，践行"少规格、多组合"的设计原则，将建筑的各种构（配）件、部品、构造及连接技术实行模块化组合与标准化设计，建立合理、可靠、可行的建筑技术通用体系，实现建筑的装配化建造。

7.1 装配式建筑的集成化设计

装配式建筑的集成化是指装配式建筑按照建筑、结构、设备、内装一体化设计原则，以集成化的建筑体系和构件、部品为基础的综合设计。在装配式建筑中，还应充分考虑装配式结构体的特点，利用信息化技术手段实现各专业间的协同配合设计。

装配式建筑应通过集成化设计实现集成技术的应用，如建筑结构与部品部件的装配集成技术，建筑结构体与机电设备一体化设计，管线与结构分离等系统集成技术，机电设备管线系统采用集中布置，管线及点位预留、预埋到位的集成化技术等。装配式建筑的集成化设计有利于技术系统的整合优化，有利于施工建造工法的相互衔接，有利于提高生产效率和建筑的质量与性能。

目前，传统建筑的内装方式对建筑结构体造成的破坏，已成为装配式建筑发展的瓶颈。比较有效的解决途径是，采用建筑内装体、管线设备与建筑结构体分离的方式来提高建筑耐久度，并保障建筑的品质和产品的适应性。装配式建筑应从建筑工业化生产的角度出发，结合工业化建造的产业链特征，做好建筑设计、构件生产、装配施工、运营维护等综合性集成化设计。

装配式建筑的集成化应遵循以下原则：实用原则、信息化原则、效果跟踪原则。

7.2 装配式建筑的模数化设计

建筑设计应采用系统性的建筑设计方法，以满足构件和部品的标准化和通用化要求。建筑结构设计应满足建筑结构体的耐久性、舒适性和适应性要求。建筑的外墙围护结构以及楼梯、阳台、内隔墙、空调板、管道井等配套构件，室内装修材料宜采用工业化、标准化的部件部品，建筑体型和平面布置应符合《建筑抗震设计规范》（GB 50011—2010）关于安全性及抗震性的相关要求。

设计中应遵守模数协调的原则，要做到建筑与部品模数协调、部品之间模数协调，以实现建筑与部品的模块化设计，各类模块在模数协调原则下做到一体化。要采用标准化设计，将建筑部品部件模块按功能属性组合成标准单元，部品部件之间采用标准化接口，形成多层级的功能模块组合系统。要采用集成化设计，将主体结构系统、外围护系统、设备与管线系统和内装系统进行集约整合。

建筑工业化一直是我国重要的产业技术政策与发展目标，建筑工业化的基本内容之一就是制定统一的建筑模数和重要的基础标准，合理解决标准化和多样化的关系。《民用建筑设计统一标准》（GB 50352—2019）、《住宅设计规范》（GB 50096—2011）等技术标准也都将"建筑设计标准化、

模数化"作为基本原则,以正式条文的方式予以强调。

住宅标准化、量化生产并不是以整个房屋为单位的,而是表现在对各类房屋构成部品的有机组织上,在各个工厂生产的产品之间建立起一种尺寸上的"秩序",而这种秩序恰好可以通过传统"模数"概念中的"尺寸把控"来实现。

在现代模数理论中,"模数"指两个意思:一个是"尺寸单位",作为尺度协调中的增值单位,如M=100mm;另一个是指形成一组数值群的规则。研究者们曾想用各种数列来表达建筑模数的生成规则,如自然数列、等差数列、等比数列等,多数建筑模数生成规则的提案都是多个数列的复合体。作为尺寸单位的模数取值应该足够小,以便确保在各种用途的小型部品选用中具有必要的灵活性;但是,又应该足够大,以进一步简化各种大型部品的数量。目前,国际ISO模数标准采用的是基本模数(M)、扩大模数(6M、12M)等差数列的形式。同时,为了不同规模部品之间选择的方便,不同种类部品的模数尺寸选择有上限与下限的推荐值。

我国实现建筑产业现代化实际上是标准化、工业化和集约化的过程,没有标准化,就没有真正意义上的工业化,而没有系统的模数化的尺寸协调,就不可能实现标准化。

装配式建筑设计应按照建筑模数化的要求,采用基本模数或扩大模数的设计方法;建筑设计的模数协调应满足建筑结构体、构件以及部品的整体协调要求,应优化构件及部品的尺寸与种类,并确定各构件和部品的尺寸位置和边界条件,满足设计、生产与安装等要求。

7.3 装配式建筑的标准化设计

装配式建筑的构件及其连接方式应采用标准化、系列化的设计方法,主要包括:

(1)尺寸标准化。

(2)规格系列标准化。

(3)构造、连接节点的标准化。

在进行装配式建筑施工的过程中,可以根据不同的建筑类型选择不同的设计标准,这就可以在很大程度上保证建筑整体的质量以及施工的效率。下面从砌块装配式建筑标准化设计、板材装配式建筑标准化设计以及骨架装配式建筑标准化设计三个方面来分析装配式建筑标准化设计。

7.3.1 砌块装配式建筑标准化设计

砌块装配式建筑的标准化设计使用的主要原料就是预制的砌块建筑材料,用来建造整个建筑的墙壁,但是一般这样的建筑方法只可以用于4～8层的建筑。增加建筑高度的主要方法就是增加砌块的强度,还可以配置加强筋,这样就可以在很大程度上增加建筑的整体高度。预制砌块对建筑具有很强的适应能力,而且生产砌块的方法也比较简单,整体操作起来也很方便,成本也相对较低。此外,当地建筑材料或工业废料也可用于建筑,这有利于获得当地的建筑材料,从而降低生产成本。

砌块装配式建筑所用的砌块具有很多类型,主要可以分为以下三种:

(1)小型砌块

小型砌块一般通过人工方式进行搬运,整体而言小型砌块的工业化发展比较缓慢,但是由于使用起来比较方便,因此得到了广泛的使用。

(2)中型砌块

中型砌块需要使用小型起重机进行搬运,这样可以在很大程度上节约劳动力。

(3)大型砌块

大型砌块主要用于大型板材的施工。

砌块除了上述分类之外,还可以将砌块分为实心和空心两类,其中实心砌块会使用比较轻便的材料进行填充。

要注意砌块装配式建筑的接缝处理，接缝在很大程度上会影响砌体的强度，小型砌块可以在套接的情况下干砌，这样可以显著减少建筑的工程量。

7.3.2　板材装配式建筑标准化设计

在装配式建筑中，板材装配式建筑占据了很重要的地位。板材装配式建筑通常是通过组装大型的内外墙板、楼板、屋顶板和其他板材来设计的。板组件的使用在一定程度上可以直接减轻整个建筑结构的重量，进而整体性地降低施工难度，提高生产效率；并且，使用板组件还可以增加建筑的使用面积。一般而言，板材装配式建筑所使用的大部分内墙板包括钢筋混凝土实心板和钢筋混凝土空心板；外墙板一般具备一定的保温性能，使用的是钢筋混凝土复合板。

另外，为了提高使用效果，板材装配式建筑中的设备通常使用集中式室内管件或箱式厕所。目前，在板材装配式建筑设计中，人们所关注的主要问题是节点连接的工作设计，在进行建筑的结构设计时一定要保证建筑构件之间具备稳定的连接。还有一点就是建筑的防水设计，应该全面解决外墙板接缝处的漏水问题。

7.3.3　骨架装配式建筑标准化设计

骨架装配式建筑一般使用的材料是预制的骨框架和墙板、楼板，通常有两种类型的骨架组合承重结构：主要由柱子进行承重；由柱子或地板组合而成的结构。其中第二种类型的承重结构不需要内墙板和外墙板进行承重。许多承重骨架都会使用性能很好的钢筋混凝土或者通过钢或木材建造相应的骨架。一般而言，在轻型装配式建筑中会用到骨架。

7.4　装配式建筑的协同设计

7.4.1　协同设计的概念

协同设计就是在统一设计标准的前提下，各个设计专业及人员在一个统一的平台上进行设计，以减少各专业之间（以及专业内部）由于沟通不畅或沟通不及时导致的错、漏、碰、缺，真正实现所有图样信息的单一性，实现一处修改其他处自动修改，可有效提升设计效率和设计质量。装配式建筑中协同设计的必要性体现在以下几个方面：

1）装配式混凝土建筑中，各个专业和各个环节的一些预埋件要埋设在预制构件里，如果设计出了问题，现场修改时的砸墙、凿槽会损害预埋件，还可能破坏混凝土保护层，形成安全隐患。

2）根据国家相关规定，装配式建筑应该先进行装修设计，再进行全装修，许多装修预埋件要设计到构件图中，这需要各个相关专业密切协同设计。

3）装配式建筑要进行管线分离和同层排水，所以需要各个相关专业密切协同设计。

4）预制构件制作需要脱模、翻转，在这个过程中需要吊点和预埋件，施工时也需要埋设在构件中的预埋件，这些都需要预先设计到预制构件图纸中，一旦遗漏，很难补救。

7.4.2　协同设计的操作与内容

1. 协同设计的内容

协同设计包括的内容较多，这里主要从以下几个方面进行概括：

1）外围护系统设计需要建筑、结构、电气、给水等专业协同。

2）设备与管线布置，如何穿过楼板、梁、墙体等，需要设备、管线各个专业之间和建筑、结构、装修等专业协同。管线、阀门与表箱应集中布置。

3）设备与管线系统各个专业埋设或敷设管线、安装设备，埋置预埋件或预留孔洞在预制构件中，需设备、管线各个专业之间和建筑、结构、装修等专业进行协同。要把各个专业与装配式有关的要求和节点构造准确、定量、清楚地表达在建筑图、结构图和预制构件制作图中。

4）进行内装和整体收纳设计时，建筑、结构、装修和设备、管线等有关专业进行协同。所有同装修有关的预埋件、预留孔洞等，如果位于预制构件处，都必须落实到预制构件制作图上，以防遗漏。

5）内装设计需要与其他专业协同的地方主要是指墙体固定、吊顶、整体收纳柜固定等的预埋件布置。

6）其他方向需要进行协同设计的还有管线分离、同层排水、地热系统等。

2. 协同设计的操作

1）明确建筑师和结构工程师为主导的设计团队的责任，协调好各个专业、各环节、各要素之间的工作。

2）建立信息交流平台，方便各专业、各环节之间的信息交流和讨论，也可以采用会议交流、微信群交流等方式进行协同沟通。

3）把各个相关专业设计汇集在一张图上，以便更好地进行检查。

4）在设计的早期应该及时与制作工厂和施工企业进行互动。

5）装修设计需要与建筑结构设计同期展开。

6）合理运用BIM技术手段进行全链条信息管理。

7.4.3 装配式建筑在设计、制作阶段的协同工作

1. 工作内容

装配式建筑的设计阶段主要包括方案和施工图样的设计，工厂根据施工图样深化出制造图、模具图，同时编制材料采购清单和制造计划；根据计划安排完成任务清单；根据图样制作构件，尽可能考虑安装的便利性。通过设计、制作、施工的协同，可以保证建筑质量，同时降低成本并缩短工期。

2. 设计和制造阶段协同工作的关键点

在设计和制造阶段进行协同工作，可以进行数据间的快速转化，提高效率，具体关键点如下：

1）进行装配式建筑设计前，设计单位一定要邀请预制构件和集成部品部件制作单位、施工企业进行交流，请他们提出便于制作和安装的建议以及部分专业性的要求，收集并集成部品部件的样本或图集等资料。

2）让制作单位和施工企业提交制作与施工环节所有需要的预埋件、吊点、预留孔洞等，把它们设计到构件制作图中。

3）设计过程中发现的问题，尤其是在各专业协同过程中发现的问题，要及时征求制作单位和施工企业的意见，并在设计完成后与制作单位和施工企业进行图样审查和技术交底。

4）预制构件生产单位在产品制作阶段，要严格按照设计图样进行制作，一旦对设计图样有疑问或者难以实现制作和安装，必须和设计、制作单位进行协同，由设计单位进行图样修改，下达技术变更，禁止私下修改变更设计图。同时，在制作阶段要考虑到安装的便利性。

5）施工企业要严格按照设计图样进行施工，要与制作单位协同安装施工事宜，在安装一些复杂的预制构件时，如果发现设计、制作有问题，要及时和设计、制作单位协同沟通，请设计单位给出变更或返工意见，严禁私自修改设计。

思考与练习

7.1 什么是装配式建筑的集成化设计？

7.2 什么是装配式建筑模数化设计？

7.3 什么是协同设计？其包括哪些内容？

第 8 章

BIM 在装配式建筑中的应用

8.1 BIM 简介

8.1.1 BIM 的概念

建筑信息模型（Building Information Modeling，简称为 BIM），是基于三维建筑模型的信息集成和管理技术。它能搭建综合性的系统平台，向项目投资者、规划设计者、施工建设者、监督检查者、管理维护者等提供涵盖工程项目整个周期的各类信息，并实时更新，如图 8-1 所示。

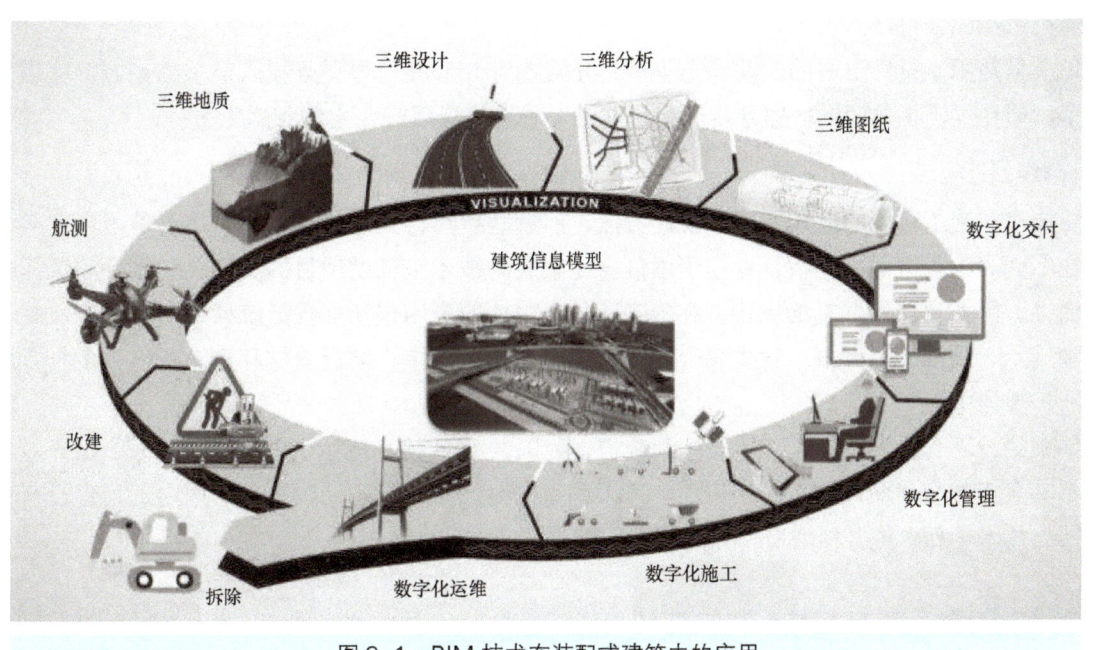

图 8-1 BIM 技术在装配式建筑中的应用

8.1.2 BIM 的工作方式

BIM 采用三维的建筑设计方式，变革了之前平面作图的设计方式，采用三维建模方式可以直观地展现出建筑工程项目的全貌、各个构件的连接、细部的做法及管线的排布等。这样，可以让设计师更加清晰地掌握项目设计的节奏，提升设计质量和效率。BIM 技术集成了整个建筑工程项目中各个有关参与方的数据信息，构建了一个数据平台，可以完整而准确地提供整个建筑工程项目的信息。

BIM 以面向对象的方式表达建筑领域所有的物体、属性及它们之间的关系，使采用软件识别并处理建筑对象的属性信息、关系信息成为可能。BIM 是数字技术在建筑工程中的直接应用，以解决建筑工程在软件中的描述问题，使设计人员和工程技术人员能够对各种建筑信息做出正确的应对，并为协同工作提供坚实的基础。

BIM 同时又是一种应用于设计、建造、管理的数字化方法，这种方法支持建筑工程的集成管理环境，可以使建筑工程在其整个进程中显著提高效率并减少误差风险等。

8.1.3 BIM 的发展前景

BIM 技术的运用，可以有效地提高工作效率，降低成本，缩短工程周期，实现利益最大化。在国家政策的支持下，国内一些建筑设计企业、施工企业以及地产公司积极响应，开始进行 BIM 技术各方面的研究与试点应用。从业主方、设计方、施工方等不同角度来看 BIM 技术，会发现由于实施目的、应用需求、技术路线、保障措施等各方面因素的不同，实施效果与发展速度也有显著区别。

1. 业主方

许多成熟的地产公司经历过 BIM 的试用阶段，认识到了 BIM 技术的价值，开始对设计方、施工方的 BIM 能力提出要求。当前，业主方提出的 BIM 应用需求已经远超出了设计阶段的范畴，更着重于建造过程的项目管理及后期维护。但业主本身对 BIM 技术往往并不熟悉或不够专业，越来越多的项目开始寻找第三方的 BIM 专业顾问或咨询服务，以满足业主对建设成本与项目管理日益严格的把控。

2. 设计方

BIM 最早是用于设计阶段的，设计企业是一开始就对 BIM 寄予厚望且投入最多的一方，应用的项目数也最多，但在经历了早期的快速起步后，目前的发展速度滞后于业主方和施工方。

3. 施工方

BIM 技术在施工阶段的应用要晚于设计阶段，但近些年却得到了快速发展，主要是因为它避开了三维设计在图面表达等方面的短板，专注于用信息化集成的技术来辅助项目的实施，对软件的选择也有更大的灵活性，因此更能发挥它的优势。在施工阶段，BIM 的应用包括工程量统计、碰撞检查、施工过程三维动画展示、预演施工方案、管线综合、虚拟现实、施工模拟、模板放样和备工备料等多个方面，并还在不断扩展当中。

总体来说，不管是设计、施工还是运营维护，我国的 BIM 技术应用仍处于起步阶段，BIM 技术还远未发挥出其真正的全生命周期的应用价值。可以预见的是，BIM 应用是以后长时期内工程建设行业实施管理创新、技术创新，提升核心竞争力的有力保障。

8.2 装配式建筑应用 BIM 的必要性和重要性

8.2.1 BIM 技术与建筑工业化

建筑工业化是指用现代化的制造、运输、安装和科学管理的大工业生产方式，来代替传统建筑业中分散的、低水平的、低效率的"手工业"生产方式，它的主要标志是建筑设计标准化、构（配）件生产工厂化、施工机械化和组织管理科学化。

传统的建筑生产方式将设计与建造环节割裂，设计环节仅从目标建筑体及结构的设计角度出发，然后将所需建材运送至目的地，进行露天施工，完工后交底验收。而建筑工业化生产方式，是设计施工一体化，运用 BIM 协同技术加强建筑全生命周期的标准化管理，同时基于 BIM 数字化模型平台提升建筑各方面的性能指标，并将其进行标准化设计；然后是构（配）件的工厂化生产，最后再进行现场装配。

根据对比可以发现，传统的建筑生产方式中设计与建造环节分离，设计阶段完成蓝图设计、扩初设计至施工图交底就意味着目标完成,实际建造过程中的施工规范、施工技术等因素均不在设计方案之列。建筑工业化颠覆了传统的建筑生产方式,其最大特点是体现了全生命周期的理念,利用 BIM 信息技术为载体,将设计、施工环节一体化,使得设计环节成为关键步骤,并将 BIM 技术融入制造环节以及后期运营维护环节,加深了 BIM 技术对建筑全生命周期管理的理念。基于 BIM 技术的可视化优势,将设计构(配)件标准、建造阶段的配套技术、建造规范及施工方案等前置进设计方案中,使得设计方案成为了构(配)件生产及施工装配的指导性文件。

8.2.2　BIM 技术在装配式建筑中的应用优势

1. 设计过程中各个专业的高效协作

BIM 可以显著提高混凝土预制构件的设计生产效率。在完成构件模型的创建后,设计师们只需进行一次更改,之后的模型信息就会随之改变,省去了大量重设参数与重复计算的过程。同时,它的协同作用可以快速有效地传递数据,且数据都是在同一模型中呈现,使各部门的沟通更直接。

构件制作方可以直接从建筑设计模型中提取需要的部分并且进行深化,再通过协同交给结构设计师完成结构的设计与校核,还可由构件厂直接生成造价分析。由于 BIM 系统中三维与二维的结合,计算完后的构件可以直接生成 2D 的施工图交付车间生产。如此一来,就将模型设计、强度计算、造价分析、车间生产等几个分离的步骤结合到了一起,减少了信息传输的次数,提高了效率。同时,BIM 也可以为预制构件的施工带来很大方便,它能够生成精准生动的三维图形和动画,让工人对施工顺序有直观的认识,从而加快施工速度,减少因不必要的返工导致的资金、时间的浪费,提高了施工整体的质量与精度,保证预制构件在施工过程中的顺利安装。

2. 相互匹配的精度

BIM 能适应建筑工业化精密建造的要求。装配式建筑采用工厂化生产构(配)件、部品,采用机械化、信息化的装配式技术将这些构(配)件、部品组装成建筑整体。其工厂化生产的构(配)件的精度能达到毫米级,现场组装也要求较高精度,以满足各种产品组件的安装精度要求。总体来说,装配式建筑要求全面"精密建造",也就是要全面实现设计的精细化、生产加工的产品化和施工装配的精密化。而 BIM 的应用优势,从可视化和 3D 模拟的层面,在于"所见即所得",这和装配式建筑的"精密建造"特点高度契合。而在传统建筑生产方式下,由于其粗放型的管理模式和"齐不齐,一把泥"的误差、工艺和建造模式,无法实现精细化设计、精密化施工的要求,也无法和 BIM 相匹配。

8.3　BIM 在装配式建筑各个环节中的应用

8.3.1　BIM 技术在设计阶段的应用

设计方案的好坏是决定一个建筑项目优劣的关键,BIM 技术的应用给装配式建筑的设计方法带来了变革式的影响。

1. 制定标准化的设计流程

在方案设计阶段,根据技术策略进行平面与立面设计,在满足使用功能的前提下实现设计的标准化,实现"少规格、多组合"的目标,并兼顾多样化、个性化需求,这样可以显著提高设计团队的配合效率,减少设计错误,提高设计效率。

2. 进行模数化的构件组合设计

在装配式建筑设计中，各类预制构件的设计是关键，这就涉及预制构件的拆分问题。在传统的设计方式中是由构件生产厂家在设计施工图完成后进行构件的拆分，这种方式下，构件生产要对设计图样进行熟悉和再次深化，存在重复工作。装配式建筑应遵循少规格、多组合的原则，在标准化设计的基础上实现装配式建筑的系列化和多样化。在项目设计过程中，要预先确定好所采用的工业化结构体系，并按照统一的模数进行构件拆分，精简构件类型，提高装配水平。

3. 建立模块化的构件库

在以往的工业化建筑或者装配式建筑中，预制构件是根据设计单位提供的预制构件加工图进行生产的，这类加工图还是传统的平面图、立面图、剖面图加大样详图的二维图样，信息化程度较低。BIM技术相关软件中，有"族"的概念，根据这一设计理念，根据构件划分结果并结合构件生产厂家的生产工艺，建立起模块化的预制构件库，在不同建筑项目的设计过程中，只需从构件库中提取各类构件，再将不同类型的构件进行组装，即可完成最终整体建筑模型的建立。构件库的构件种类也可以在其他项目的设计过程中应用，并且不断扩充、不断完善。

4. 组装可视化的三维模型

传统的设计方式是使用二维绘图软件，以平面图、立面图、剖面图和大样详图为主要出图内容。这种绘图模式，各个设计专业之间相对孤立，是一种单向的连接方式。对于不断出现的设计变化难以及时调整，导致设计过程中出现大量修改，甚至在出图完成后还会有大量的设计变更，导致设计过程效率较低，信息化程度较低。将模块化、模数化的BIM构件进行组合可以构建一个三维可视化的BIM模型，通过效果图、动画、实时漫游、虚拟现实系统等项目展示手段，可将建筑构件及参数信息等真实属性展现在业主方和设计方面前。在设计过程中可以及时发现问题，也便于业主方及时决策，可以避免事后的再次修改。

5. 高效的设计协同

采用BIM技术进行设计，各专业设计师均在同一个建筑模型上工作，所有的信息均可以实时进行交互。可视化的三维模型使得设计成果直观呈现，同时还可以进行不同专业间的设计冲突检查。在传统设计方法中，不同专业人员需要人工手动查找本专业和其他专业的冲突错误，这不仅费时费力，还容易出现遗漏，BIM技术直接在软件中就可以完成不同专业间的冲突检查，显著提高了设计精度和效率。

8.3.2 BIM 技术在预制构件生产阶段的应用

预制构件生产厂的主控计算机与前端BIM连接，可及时获取模型信息并识别设计变更，也可以直接通过IFC界面从其他计算机辅助设计系统引入建筑模型，采用可视化手段以及虚拟界面的方式，将工作任务和流程视图化，实现透明信息流。将建筑工程作业调度、流程规划以及构件生产等多个领域进行智能整合，对预制构件的生产、发货、运输、现场堆放进行有效管理，从开始设计直到运输至施工工地，全程视图化追踪预制构件，有效提升了设计和项目实现过程中的质量与生产效率。

1. 生产管理

通过BIM的数据传递，建筑结构信息可以在预制构件生产厂的主控计算机中得以呈现，主控计算机接收生产数据并反馈状态，从而使操作调度和项目管理人员可以直接对视图化组件进行处理（在传统施工流程中，此类工作由调度负责）。同时，信息管理体系可以结合云技术，每个项目参与者均可通过互联网获取项目信息，并根据自身权限，对相应内容进行处理。

在生产过程中，采用二维码、条形码或者无线射频识别技术等方式，对预制构件进行标识，同时将预制构件的信息（包括构件几何信息、在建筑物中的空间信息、装配流程信息等）导入数据库，并连接主控计算机，形成预制构件信息数据库。每一个生产的预制构件都可以在数据库中找到唯一对应的信息，借助信息过滤标准，项目参与者可以快速找到所需信息，可以对所有的内容进行重组与分类，依照标准的多层分组方式可实现绝大部分类型组件的分类并获取清单。

1）通过预制构件信息数据库中的钢筋排布信息及三维可视化指导，预制构件生产厂的工人可以高效无误地借助自动化设备完成钢筋的绑扎。

2）通过预制构件信息数据库中的构件尺寸及开洞信息，将信息进行一定的转化，并通过准确定位，自动将生产线上的墙板构件进行切割、开洞。特别是对于开洞较多，位置复杂的构架，显著降低了人力成本，并且提高了构件的质量。

3）通过预制构件信息数据库中构件的装配位置、数量等信息，将预制构件拼装至预制板上；利用 BIM 的模型与可视化技术，综合考虑预制构件的运输、堆场等因素，将预制构件模型进行虚拟化的自动拼装与施工。预制构件生产厂通过智能化拼模技术可节约生产材料，提高预制构件的生产效率。

2. 发货管理

预制构件在工厂生产完毕后，根据预制构件信息数据库中预制构件的装配流程信息，分配待发货部件及发货时间，保证发货顺序与施工现场的装配顺序相匹配。

3. 运输管理

在预制构件从工厂到施工现场的运输过程中，通过运输工具的最优化分配以及运输信息的实时追踪，保证构件运输过程的稳定高效。进行预制构件的装载时，根据预制构件的标签信息进行判断，并采用一定的保护手段确保预制构件的完整性。

4. 现场堆放管理

预制构件运抵施工现场后，基于预制构件信息数据库中预存的堆放构件设施信息、堆放标准及装配顺序，自动设定堆放序列并据此进行货物堆放的自动处理。在卸货与堆放的过程中，对必须重叠的预制构件进行标识，并赋予包含一定放大系数的"堆放参数"，以避免预制构件的相互碰撞或破坏。通过堆放清单及三维堆放效果图可直观地查看堆放效果，并轻松地完成预制构件的修正或转移。

8.3.3 BIM 技术在项目施工阶段的应用

1. 施工深化设计

进行施工深化设计的主要目的是提升深化后建筑信息模型的准确性、可校核性，将施工操作规范与施工工艺融入施工作业模型，使施工图满足施工作业的需求。施工单位依据设计单位提供的施工图与设计阶段的建筑信息模型，根据自身施工特点及现场情况，完善或重新建立可表示工程实体即施工作业的对象和结果的施工作业模型（该模型应当包含工程实体的基本信息）。BIM 技术工程师结合自身专业经验或与施工技术人员配合，对建筑信息模型的施工合理性、可行性进行甄别，并进行相应的调整优化，同时对优化后的模型实施冲突检测。

2. 三维技术交底

目前，施工企业对装配式混凝土结构施工尚缺少经验，对此，在施工现场应依据工程特点和技术的难易程度选择不同的技术交底形式，如套筒灌浆、叠合板支撑、各种构件（外墙板、内墙板、叠合板、楼梯等）的吊装等的施工方案通过 BIM 技术进行三维直观展示，模拟现场的构件安装过程和周边环境。同时，对工人进行三维技术交底，指导工人安装，保证了施工现场对分包工程的质量控制。

3. 施工过程的仿真模拟

在制定施工组织方案时，施工单位技术人员将本项目计划的施工进度、人员安排等信息输入 BIM 信息平台中，软件可以根据这些录入的信息进行施工模拟。同时，BIM 技术也可以实现不同施工组织方案的仿真模拟，施工单位可以依据模拟结果选取最有利的施工组织方案。

8.3.4 BIM 技术在运营维护阶段的应用

在建筑的全生命周期中，运营维护阶段所占的时间最长，但是所能应用的数据与资源却相对较少。传统的工作流程中，建筑设计阶段、施工建造阶段的数据资料往往无法完整地保留到运营维护阶段，例如建设途中多次进行设计变更，但此类信息通常不会在完工后妥善整理，从而造成运营维护上的困难。BIM 技术的出现，让建筑的运营维护阶段有了新的技术支持，显著提高了管理效率。在运营维护阶段的管理中，BIM 技术可以随时监测有关建筑使用情况、容量、财务等方面的信息；通过 BIM 文档完成建造施工阶段与运营维护阶段的无缝交接，并提供运营维护阶段所需要的详细数据。BIM 技术在运营维护阶段的具体应用包括以下内容：

1. 日常运营维护建模

此功能的重点在于工程项目整体空间内设施设备日常运行数据的建立与维护，这个过程贯穿建筑物的整个生命周期，从所有的附属设施设备安置在此建筑物空间内开始，在虚拟空间内建置与其实体尽可能详尽而同步的运行数据，这个信息对建筑物冗长的运营维护过程是非常重要的。这个参数化的纪录模型，至少应包含建筑物主体和其中的 MEP 元组件的相关信息。该纪录模型需随着建筑物实体空间的动态情况而不断地更新和改进，以储存更多的关联信息。

2. 维护业务流程模拟

建筑物在使用期间，其结构构件与内部设施设备有固定的使用年限，而且建筑空间结构也会因为需求的变化而改变，建筑物局部的维护修理以及修建、改建、扩建等行为会不断发生。其中，有些维修是即刻需要的，有些则根据营运规划、财务情况、设施设备耐用年限、使用频率等各种情况，制定不同时长的建筑维护业务流程。以 BIM 模型配合日常运营维护模型数据，能精准拟订高质量的、低维护成本的维护计划。整个维护计划应包括建筑结构体（墙壁、地板、屋顶、油漆等）和建筑物服务设备（机械、电气、水暖等）等设施。

3. 物业管理

在物业管理中，BIM 软件与相关设备进行连接，通过 BIM 数据库的实时监控功能进行科学管理与决策，并根据记录的运行参数进行设备的能耗、性能、环境成本绩效等方面的评估，及时采取控制措施。同时，BIM 与信息标签技术的有效结合，可以在门禁系统方面得到有效利用。在装配式建筑改（扩）建过程中，BIM 技术可以针对建筑结构的安全性、耐久性进行分析与检测，避免结构损伤，还可据此判断模型结构构件是否可以二次利用，减少材料资源的消耗。

4. 防灾规划及紧急情况处置模拟

通过 BIM 的防灾规划及紧急情况处置模拟，可以让灾害救援人员从建筑信息模型和信息系统的可视化形式中获得紧急救援的关键信息，从而提高救援人员的反应效率并减少安全风险。

5. 互动场景模拟

互动场景模拟是指在 BIM 模型建好之后，将项目中的空间信息、场景信息等纳入模型之中；再通过 VR（虚拟现实）等新技术的配合，让业主、客户或者租户通过 BIM 模型从不同的位置进入模型相应的空间中，进行一次虚拟的实体感受。通过模型中的建筑构件信息的存储，让体验者能够有种身临其境的感受，体验者能够通过模型进入商铺、大堂、电梯间、卫生间等各种空间了解各种设施。

总的来说，在 BIM 技术之前，建筑信息都是存放在二维图样、电子版文件和各种机电设备的操作手册上的，二维图样常面临的主要问题是不完整和无关联，在建筑的运营维护阶段需要使用相关信息的时候要由专业人员自己去找信息、去理解信息，然后据此做出决策对建筑物的运营维护进行一个恰当的操作，这是一个花费时间和容易出错的工作。以 BIM 为基础结合其他相关技术，实现建筑运营维护管理与 BIM 模型、图样、数据一体化，如果业主建立了物业运营健康指标，就可以方便地指导运营维护计划。

8.4　BIM 在装配式建筑各个环节中的共享

8.4.1　BIM 数据传递

在装配式建筑的建造过程中，各专业相互交错，信息交换频繁，很容易发生沟通不良、信息冲突等问题。特别是各项目参与单位缺乏协同沟通，会导致资源的浪费、成本的提高，这些问题严重影响到装配式建筑的发展与应用。如何突破建筑信息传递的技术瓶颈，提高预制建筑的效益，是我国发展住宅产业化急需解决的问题。而 BIM 作为一种创新的技术与生产方式，已引起了建筑业传统生产管理方式的巨大变革。

BIM 工程数据具有唯一性的特点，可解决分布式、异构工程数据之间的一致性和全局共享问题，支持建设项目全生命周期中动态的工程信息创建、管理和共享。完善的 BIM 信息模型，能够连接建筑工程项目全生命周期不同阶段的数据、过程和资源，是对工程对象的完整描述，可被建设项目各参与方普遍使用。

随着工程项目的推进，需要分阶段创建 BIM，从项目规划到设计、施工、运营维护等不同阶段，针对不同的应用建立相应的子信息模型。各信息模型能够自动演化，可以通过对上一阶段的模型进行数据提取、扩展和集成，形成本阶段的信息模型；也可以针对某一应用的集成模型数据，生成应用的子信息模型，随着工程项目的推进最终形成面向建筑全生命周期的完整信息模型。

装配式建筑工程从设计出图到工厂制造，需要一套完善的 BIM 数据传递方式。BIM 可以支持建筑生命周期的信息管理，使信息能够得到有效的组织和追踪，保证信息从一个阶段传递到另一个阶段不发生"信息流失"，减少信息歧义和不一致。要实现这一目标，需要建立一个面向建筑生命周期的 BIM 数据集成平台以及对应的 BIM 数据的保存、追踪和扩充机制，对项目各阶段相关的工程信息进行有机集成。

建筑信息模型的支撑是数据交换标准。国际协同工作联盟（IAI, International Alliance for Interoperability）推出的工业基础类（IFC, Industry Foundation Classes）为 BIM 的实现提供了建筑产品数据表达与交换的标准。IFC 是当前主导的 BIM 构件技术标准，BIM 的建立需要应用 IFC 的数据描述规范、数据访问及数据转换技术。

IFC 模型可以划分为四个功能层次：资源层、核心层、交互层和领域层。每个层次都包含一些信息描述模块，并且模块之间遵守"重力原则"，即每个层次只能引用同层和下层的信息资源，而不能引用上层资源。这样，上层资源有变动时，下层资源不受影响，保证了信息描述的稳定性。

通过 IFC 文件解析器可进行 IFC 文件的数据读写，与兼容 IFC 标准的应用软件进行数据交互，实现装配式建筑构件信息的导入与导出；对于不支持 IFC 标准的应用软件，可通过数据转换接口，实现信息交换和共享，最终实现 BIM 信息模型到预制构件制造的数据传递。

8.4.2 BIM 落实的具体要求

简单地说，BIM 具体落实需要三个方面的要素：人、软件和硬件。

1. 人

关于"人"，有一个观点是另外设置专职"BIM 工程师"，类似之前使用"算盘"进行工作的会计，这种想法如同因为"电子计算器"的出现，需要另外设置一个"电子计算器操作助手"那样的思维。其实，原有岗位人员，特别是负责技术岗位的人员通过培训，迅速掌握了 BIM 相关理论和技能即可解决人员问题。

2. 软件

"软件"方面，国外软件可以重点关注"Trimble"公司的产品"Tekla""SketchUp""Vico"和"Autodesk"公司的产品"Revit""Navisworks"。BIM 软件的发展在近年来是一个高速进化的过程，因为正在发展中，有些产品存在或多或少的缺陷也在情理之中，这个需要客观认识，不要因为软件产品的缺陷放弃对 BIM 的使用。

BIM 软件，特别是国外的软件，其产品开发的方向是面向全球化，不一定满足我国国内的本土化需求，对于我国用户来说，基于国外软件的本土化二次开发是当前的有效途径。

3. 硬件

"硬件"部分，计算机、智能手机及智能移动设备等常规"硬件"都可以在装配式建筑中派上用场；另外，BIM 放样机器人、三维扫描仪、VR/MR 设备等也都应引起行业的关注。

思考与练习

8.1　BIM 是什么？

8.2　BIM 技术应用在装配式建筑中有哪些优势？

8.3　BIM 技术在项目施工阶段有哪些应用？

第 9 章 工程实例

9.1 装配式混凝土框架结构实例——某高层住宅项目

9.1.1 工程概况

该项目的整栋建筑总建筑面积为 10380.59m²，其中地下建筑面积为 625.98m²，地上建筑面积为 9754.61m²，项目建筑高度为 45m。地下一层为自行车库；地上共 15 层，底层为架空层，2～15 层为廉租房，共计 196 套房。

该项目中的柱、梁、楼板、外墙、内墙、阳台、女儿墙、楼梯等均采用预制构件，采用精装修并应用整体卫浴，实现了无外模板、无脚手架、无砌筑、无抹灰的绿色施工目标。项目的预制率为 65%，整体装配率为 81%。项目的装配式建筑技术配置分项见表 9-1。

表 9-1 项目的装配式建筑技术配置分项

阶段	技术配置	备注	项目实施情况
标准化设计	标准化模块，多样化设计	标准户型模块，内装可变；核心筒模块；标准化厨卫设计	√
	模数协调		√
预制化生产/装配式施工	预制外墙	蒸压轻质加气混凝土板	√
	预制内墙	蒸压轻质加气混凝土板	√
	预制叠合楼板	—	√
	预制叠合阳台	—	√
	预制楼梯	—	√
	楼面免找平施工	—	√
	无外脚手架施工	—	√
一体化装修	整体式卫生间	—	√
	厨房采用成品橱柜	—	√
信息化管理	BIM 策划及应用	—	√

9.1.2 体系选择及结构布置

该项目采用装配整体式框架钢支撑结构体系，在《预制预应力混凝土装配整体式框架结构技术规程》（JGJ 224—2010）的基础上，对预制预应力框架体系进行了创新，采用了全新的装配整体式框架钢支撑体系。该体系的采用既提高了结构的整体抗震性能，又提高了建筑的预制率和整体装配率，施工也更加便捷。

该项目的标准层平面图、结构布置示意图与实景图分别如图 9-1～图 9-3 所示。

装配式建筑概论

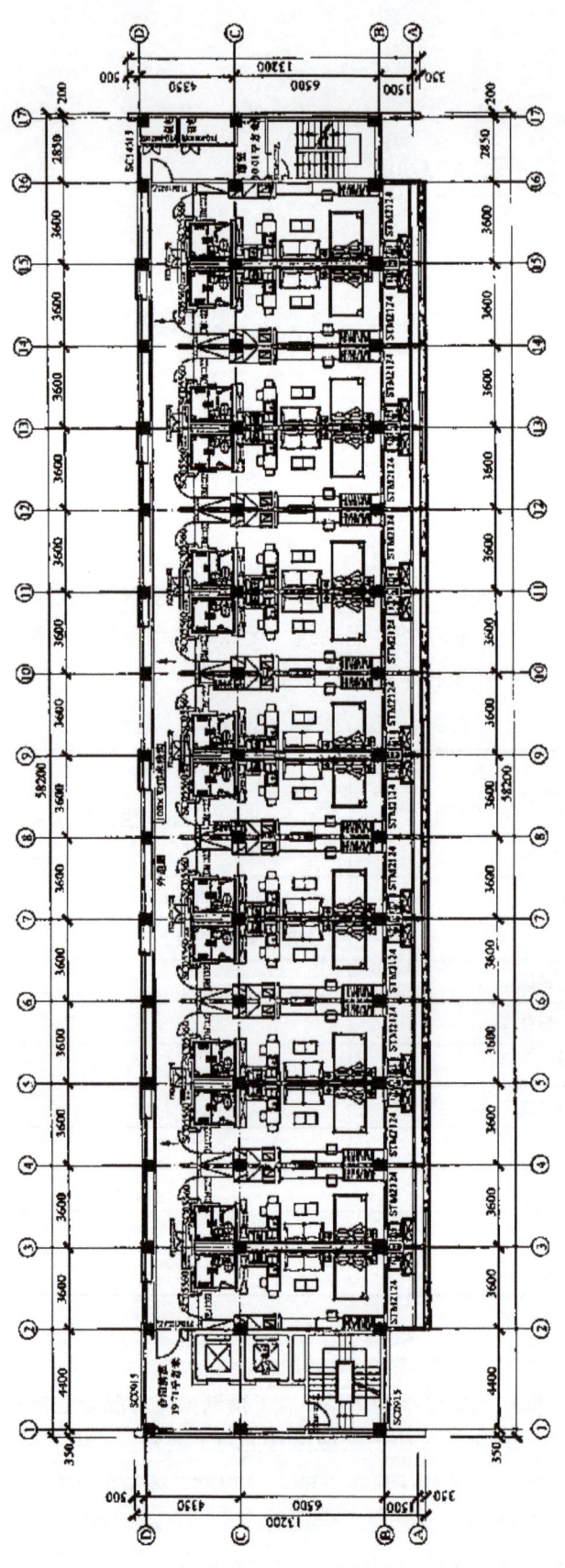

图 9-1 某高层住宅项目标准层平面图(示意图)

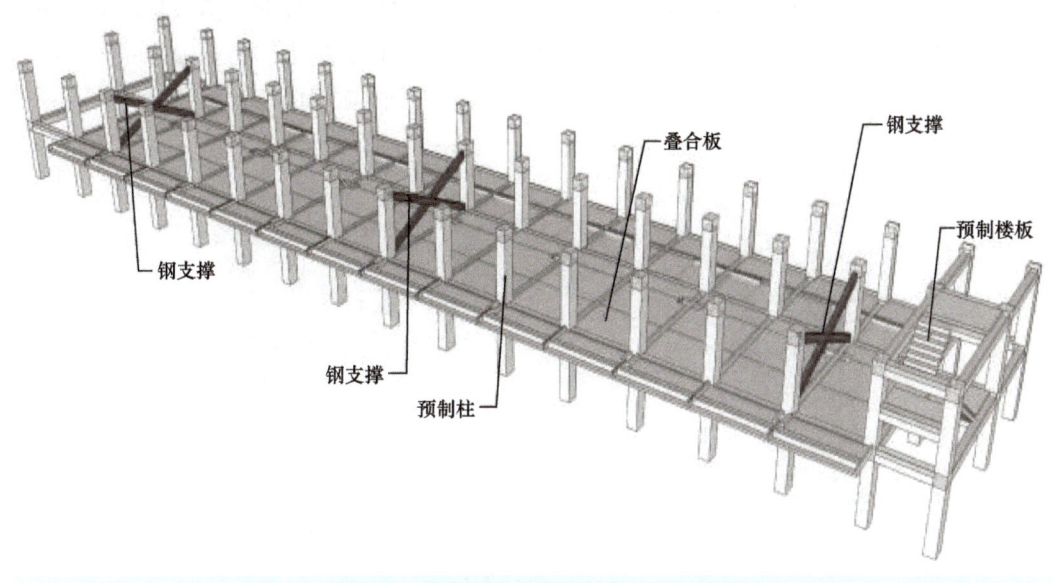

图 9-2 某高层住宅项目结构布置示意图

图 9-3 某高层住宅项目实景图

9.1.3 主要构件及节点设计

1. 预制混凝土柱

《预制预应力混凝土装配整体式框架结构技术规程》（JGJ 224—2010）中规定，柱可以采用多节柱。但是在实际应用中发现采用多节柱时存在如下问题：

1）多节柱的脱模、运输、吊装、支撑比较困难。

2）多节柱在吊装过程中，钢筋的连接部位易变形，进而影响构件垂直度的控制。

3）多节柱的梁、柱节点区，钢筋绑扎较困难，混凝土浇筑的密实性难以控制。

由于以上不利因素的影响，多节柱应用于高层建筑中的垂直度误差控制较困难，施工累计误差会影响到结构的安全，同时节点的抗震性能难以保证。因此，该项目在设计时将多节柱改为了单节柱（图9-4），在每层可以保证柱垂直度的控制调节，进而使建筑的预制装配构件完全标准化，脱模、运输、吊装、支撑均采用标准化操作，方便进行质量控制。本项目中的柱截面尺寸主要采用600mm×550mm、600mm×500mm、550mm×550mm、550mm×500mm。

图9-4　单节柱

2. 预制预应力混凝土叠合板

该项目的楼板全部采用预制预应力混凝土叠合板（图9-5）。传统的现浇楼板存在现场施工量大、湿作业多、材料浪费多、施工垃圾多、楼板容易出现裂缝等问题。本项目中使用的预制预应力混凝土叠合板采取部分预制、部分现浇的方式，其中预制板在工厂内预先生产，然后在现场安装，不需要模板，施工现场的钢筋及混凝土工程量较少，板底不需要粉刷抹平。同时，预应力技术使得板结构的用钢量减少，支撑系统的脚手架工程量为现浇板的31%左右，现场钢筋工程量为现浇板的30%左右，现场混凝土浇筑量为现浇板的57%左右。该项目中叠合楼板的设计厚度为140mm，其中预制板的厚度为60mm，叠合层的厚度为80mm。

图9-5　预制预应力混凝土叠合板

3. 柱间连接技术

该项目的柱间连接采用的是套筒灌浆连接技术（图9-6），相比于传统的预制构件内浆锚搭接连接、焊接连接等技术，该技术具有连接长度少、构件吊装就位方便等优点。套筒灌浆连接技术用的灌浆料为流动性很好的高强度材料，在压力作用下可以保证灌浆的密实性，大量的工程试验已证实套筒灌浆连接技术可达到钢筋等强度连接的效果，该技术也是《装配式混凝土结构技术规程》（JGJ 1—2014）中推荐的连接方式。

图 9-6　套筒灌浆连接技术

预制柱内套筒钢筋的连接长度仅为 8d，现场预制柱吊装后采用专用灌浆机进行压力灌浆，灌浆料的 28d 强度需大于 85MPa，24h 膨胀率为 0.05%～0.5%。大量工程实践已验证了套筒灌浆连接技术的可靠性。

4. 梁、柱节点

该项目的梁、柱节点采用了键槽后浇技术。键槽后浇技术是指叠合梁在预制构件厂生产，梁端预留键槽，键槽的净空尺寸为 500mm×200mm×210mm（长×宽×高），键槽的壁厚为 50mm。键槽处进行钢筋绑扎时，为确保钢筋位置准确，键槽处预留"U"形开口箍；待梁、柱钢筋绑扎完成后，在键槽上安装"∩"形开口箍与原先预留的"U"形开口箍双面焊接，焊接时的搭接长度为 5d。梁、柱节点采用键槽后浇技术，既解决了钢筋锚固施工困难的问题，又解决了单节柱与柱接头钢筋连接、绑扎的施工难题。

5. 围护墙体

该项目的内外填充墙采用蒸压轻质加气混凝土板（图 9-7），板材在工厂生产、现场拼装，替代了现场砌筑和抹灰工序。

蒸压轻质加气混凝土板自重较轻，密度为 500～625kg/m³，对结构的整体刚度影响较小。板材的强度较高，立方体抗压强度不小于 4MPa，单点吊挂力不小于 1200N，能够满足多种使用条件下对板材抗弯、抗裂及节点强度的要求，是一种轻质高强的围护结构材料。该工程的南北外墙采用 150mm 厚的蒸压轻质加气混凝土板，东西山墙采用由 100mm 厚的蒸压轻质加气混凝土外墙板与 75mm 厚的蒸压轻质加气混凝土内墙板组成的组合拼装外墙；内分户隔墙采用 150mm 厚的蒸压轻质加气混凝土板，其余内隔墙采用 100mm 厚的蒸压轻质加气混凝土板。项目的建筑节能率达到 65% 的设计标准。

此外，蒸压轻质加气混凝土板还具有很好的隔声性能、保温性能和防火性能，而且生产过程工业化、标准化，成品可锯、切、刨、钻，施工过程为干作业，其施工效率是传统砖砌体的 4～5 倍。板材所用原材料无放射性，无有害气体逸出，是一种可推广的绿色环保制品。

图 9-7 蒸压轻质加气混凝土板

6. 阳台板及梯段板

该项目采用的预制叠合阳台板是预制装配式住宅经常采用的构件。预制叠合阳台板上部的受力钢筋设在叠合板的现浇层中,并伸入主体结构叠合楼板的现浇层中进行锚固,以实现承受阳台荷载、连接主体结构的功能。一般的预制叠合阳台板大多仅有上层钢筋与主体相连,存在着支座处刚度不符合设计要求、整体性较差、外挑长度较大时在竖向地震力作用下有安全隐患等问题。目前,部分预制叠合阳台板是通过在阳台板下部预留钢筋,插入主体结构中的梁钢筋骨架的方式来解决预制叠合阳台板与主体的连接问题,但该方式会加大构件在制作、运输、安装、吊装就位等程序上的难度,施工误差较大且机械利用效率较低。本工程在预制叠合阳台板现浇层的尾部加设了与主体梁相连的拉结筋(图9-8),解决了上述问题。

该项目的2～15层楼梯梯段采用的是预制混凝土梯段板,梯段板与主体结构之间的连接节点采用叠合的方式或直接预留钢筋,待梯段板吊装就位后再进行节点现浇。

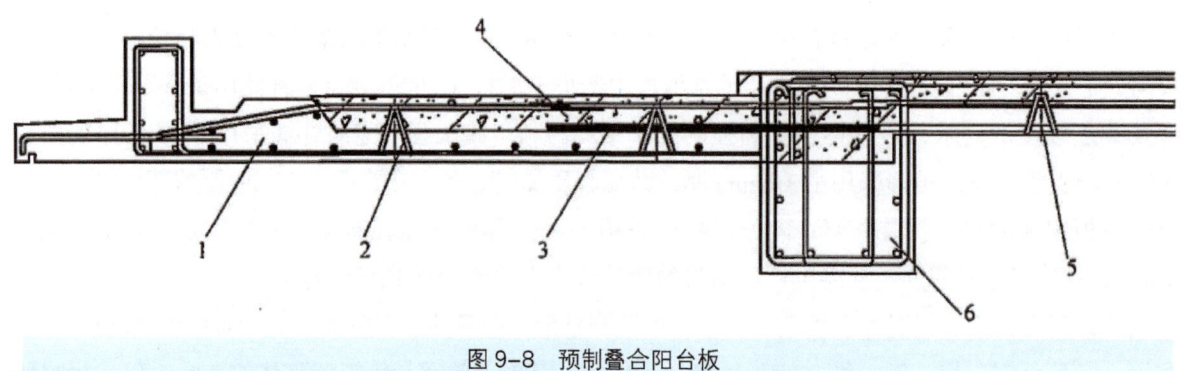

图 9-8 预制叠合阳台板

1—预制阳台板 2—阳台板中钢筋桁架 3—阳台板尾部附加与主体梁的拉结筋
4—阳台现浇叠合层 5—预应力板中的桁架筋 6—预制框架梁

7. 厨房和卫生间

该项目在方案设计阶段进行了装修与土建一体化设计，采用整体式卫生间（图9-9），厨房采用成品橱柜（图9-10），减少了现场湿作业，有效解决了渗漏问题，消除了质量通病。

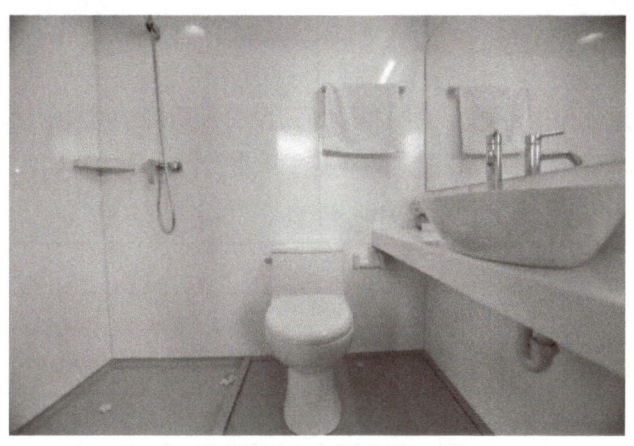

图9-9 整体式卫生间

该项目的整体式卫生间的底盘、墙板、顶棚、洗面台等采用SMC复合材料（一种玻璃钢）制成，具有材质紧密、表面光洁、隔热保温、抗老化及使用寿命长等优良特性。整体式卫生间的卫浴设施均无死角结构。

图9-10 成品橱柜

9.1.4 技术经济性分析

该项目通过采用先进的集成技术，分别在取消外脚手架施工技术，承插型盘扣式支撑架技术，预制构件吊装组装技术，预制梁、柱端锚技术，蒸压轻质加气混凝土板墙体施工技术五个方面取得了较好的经济效益。

该项目采用装配整体式框架钢支撑结构体系，大量使用了预制构件，现场施工人员数量显著减少。该结构体系用于钢筋混凝土工程和围护墙体工程中要比采用现浇结构减少50%的施工时间，有利于减少施工人员的工资成本，并可降低施工过程对环境的影响，具有较好的经济效益和环境效益。

此外，该项目的全预应力混凝土结构的外防护采用盘销承插工具式三脚架，取消了传统的外脚手架，节省了周转材料，钢管用量仅为现浇结构的6%。

9.2 装配式混凝土剪力墙结构实例——某高层住宅项目

9.2.1 工程概况

该项目由 5 栋高层住宅组成，地下一层，地上 16 层、17 层不等，最大建筑高度 51.8m，总建筑面积 42769m²。

该项目由 5 栋住宅，地下一层～地上 4 层的楼面及屋面采用现浇结构，其余部分采用装配式混凝土剪力墙结构，预制率为 33%。本项目的装配式建筑技术配置分项见表 9-2。

表 9-2 本项目的装配式建筑技术配置分项

阶段	技术配置	备注	项目实施情况
标准化设计	标准化模块，多样化设计	标准户型模块，内装可变；核心筒模块；标准化厨卫设计	√
	模数协调		√
预制化生产/装配式施工	预制外墙	预制夹心保温外墙板	√
	预制内墙	陶粒混凝土轻质墙板	√
	楼板	钢筋桁架叠合楼板	√
	阳台	预制叠合阳台	√
	楼梯	预制混凝土梯段板	√
	空调板	预制空调板	√
	飘窗	预制飘窗	√
	楼面免找平施工	—	√
	无外脚手架施工	—	√
一体化装修	整体式卫生间	—	√
	厨房采用成品橱柜	—	√
	成品套装门	—	√
	成品木地板	—	√
信息化管理	BIM 策划及应用	—	√

9.2.2 体系选择及结构布置

该项目的标准层平面采用模块化组合设计方法，由标准模块和核心筒模块组成。进行方案设计时对套型的过厅、餐厅、卧室、厨房、卫生间等功能空间进行了分析研究，在单个功能空间或多个功能空间的组合设计中，用较大的结构空间来满足使用要求；通过集成设计来满足全生命周期的灵活性使用要求；对差异性的需求通过不同的空间功能组合与室内装修来满足，从而实现了标准化设计和个性化需求的合理统一。

该项目采用一个标准户型模块、一个标准厨房模块、一个标准卫生间模块进行组合拼装，结合确定的开间、进深尺寸，建立起可灵活布置的标准户型模块。项目的结构主体采用装配式混凝土剪力墙结构体系，标准户型内部的局部区域则采用轻质隔墙进行灵活划分。

该项目的标准层结构布置示意图、标准层 BIM 模型分别如图 9-11 和图 9-12 所示。

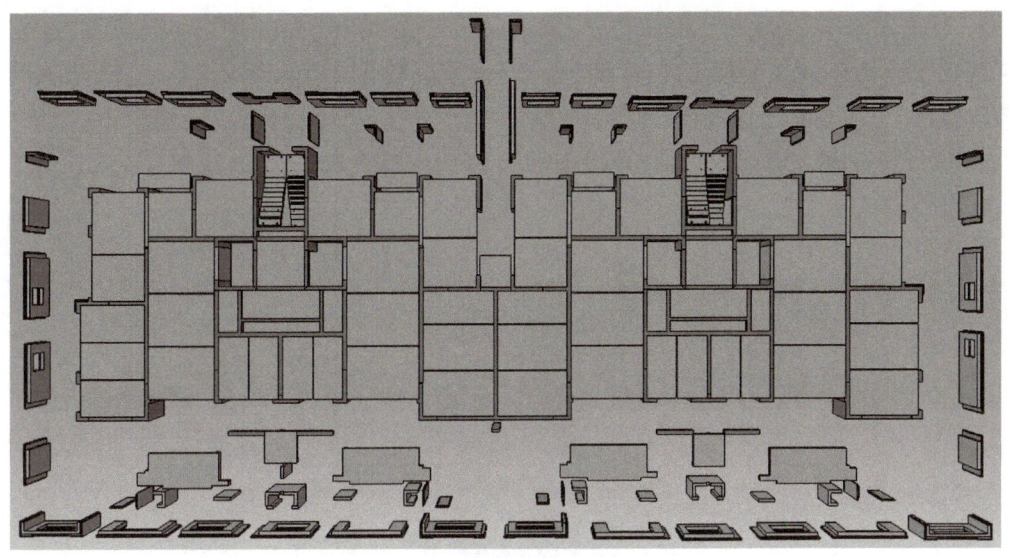

图 9-11　标准层结构布置示意图

图 9-12　标准层 BIM 模型

9.2.3　主要构件及节点设计

1. 预制混凝土剪力墙

该项目的外圈剪力墙采用预制夹心保温外墙板，如图 9-13 所示，相关设计满足规范要求。剪力墙竖向钢筋的连接采用套筒灌浆连接技术。施工时，将结构的剪力墙、保温板、混凝土模板（外叶墙板）预制在一起，在保证结构安全的同时，兼顾了建筑的保温节能要求和建筑外立面的装饰效果，进而实现了施工过程中无外模板、无外脚手架、无砌筑、无粉刷的绿色施工。建筑内部仅在预制剪力墙的拼接处浇筑混凝土，模板用量以及现场模板支撑及钢筋绑扎的工作量显著减少。

项目采用的预制夹心保温外墙板由 60mm 厚的混凝土外叶墙板、30mm 厚的 B1 级挤塑聚苯板保温层以及 200mm 厚的钢筋混凝土内叶墙板组成。

预制混凝土剪力墙在拆分时应遵循以下原则：

① 考虑立面表现的需要，应结合结构现浇节点及装饰挂板合理拆分外墙。

② 注重经济性，采用模数化、标准化、通用化、少规格、多组合的设计思路，力求减少板型、节约

造价。

③ 制定编号原则，对每个墙板构件进行编号，每个墙板既有唯一的身份编号，又能在编号中体现重复构件的统一性。

④ 预制构件大小的确定需考虑运输的可行性和现场的吊装能力。

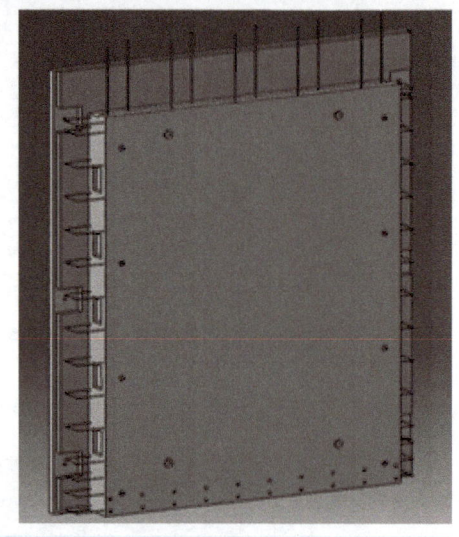

图9-13　预制夹心保温外墙板

2. 钢筋桁架叠合楼板

该项目楼板采用钢筋桁架叠合楼板（图9-14）。传统的现浇楼板存在现场施工量大、湿作业多、材料浪费多、施工垃圾多、楼板容易出现裂缝等问题。钢筋桁架叠合楼板采取部分预制、部分现浇的施工方式，与现浇楼板相比，其支撑系统脚手架工程量、现场模板工程量、现场混凝土浇筑量均较小，具有明显的工期优势。

钢筋桁架叠合楼板在设计时遵照标准化、模数化的原则，综合考虑运输、吊装及实际结构条件尽量采用大尺寸楼板。该项目施工中，装配式剪力墙住宅的卧室、起居室等户内空间楼板采用钢筋桁架叠合楼板，走廊及核心筒等公共区域采用现浇楼板。

图9-14　钢筋桁架叠合楼板

3. 阳台板及梯段板

该项目采用预制叠合阳台板（图9-15、图9-16）。阳台板连同周围翻边一同预制，现场连同预制阳台隔板共同拼装成整体阳台。阳台板叠合层厚度为60mm，叠合层内预埋桁架钢筋用于增强阳台板的强度、刚度，以及增强其与现浇层的整体连接性能。施工时，现场仅需绑扎上部钢筋，浇筑上层混凝土，施工较快捷。

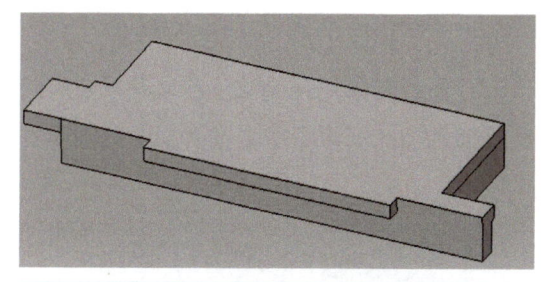

图9-15 预制叠合阳台板BIM模型

图9-16 预制叠合阳台板实物

该项目楼梯采用预制混凝土梯段板（图9-17）。传统的现浇楼梯存在工作量大、湿作业多、现场施工复杂等问题。该项目采用的预制混凝土梯段板结构，梯段内无钢筋伸出，施工安装时梯段两端直接搁置在楼梯梁的挑耳上，一端铰接连接，一端滑动连接，施工过程简单、迅速，并且减少了楼梯构件对主体结构的抗震影响。

该项目楼梯采用清水混凝土饰面，施工时采取措施加强成品保护。楼梯踏面的防滑构造在工厂预制时一次成型，节约了人工、材料和后期维护成本，节能增效效果显著。

图9-17 预制混凝土梯段板

4. 剪力墙节点连接

该项目的预制混凝土剪力墙节点采用套筒灌浆连接方式（图9-18、图9-19），此连接方式相对于传统的预制构件内浆锚搭接连接等方式，具有连接长度显著减少、构件吊装就位方便等特点。

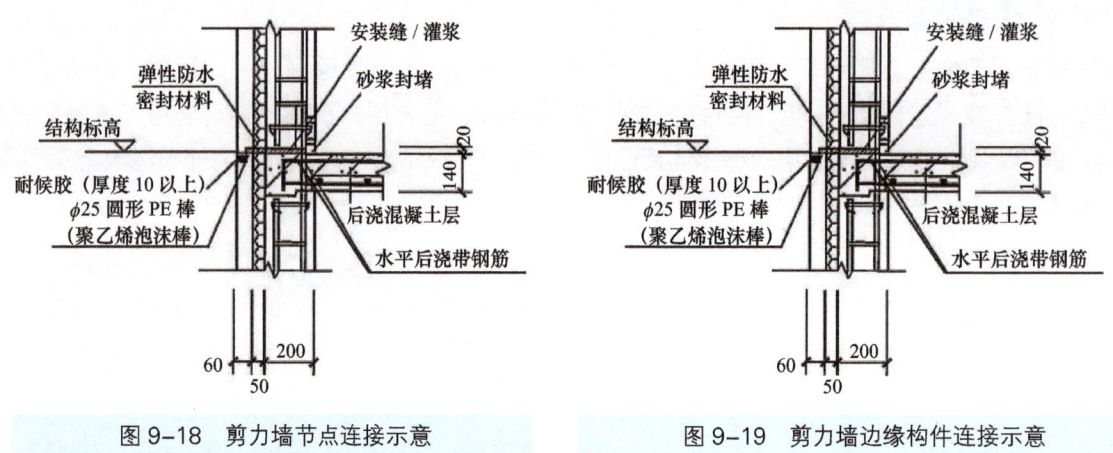

图 9-18 剪力墙节点连接示意　　　　图 9-19 剪力墙边缘构件连接示意

5. 围护墙体

该项目的内填充墙均采用陶粒混凝土轻质墙板（图 9-20）。成品板材采用预制化生产、现场拼装的施工模式，其施工效率是传统砖砌体的 4~5 倍，并取消了现场砌筑和抹灰等工序，且有很好的隔声性能和防火性能。板材所用原材料无放射性，无有害气体逸出。

图 9-20 陶粒混凝土轻质墙板

吊装预制外墙板时，构件与结构需有连接，调节杆的作用是临时连接和固定。固定后进行校正时，调节杆还起内外方向上的就位调节作用（图 9-21）。

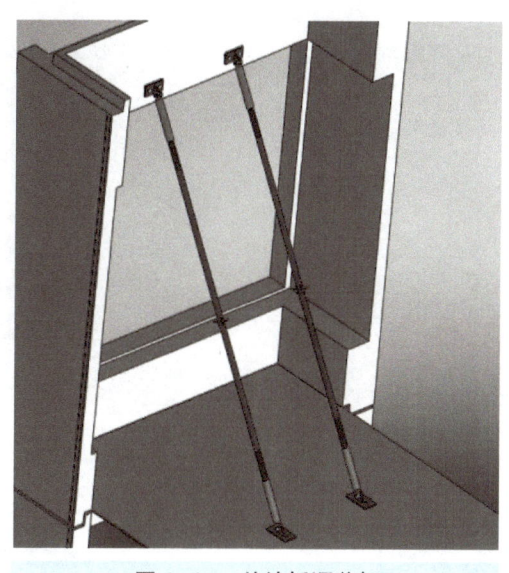

图 9-21　外墙板调节杆

9.2.4　主要构件及节点施工现场照片

主要构件及节点施工现场照片如图 9-22～图 9-29 所示。

图 9-22　预制构件堆放

图 9-23　预制外墙吊装

图 9-24　现浇边缘构件钢筋绑扎

图 9-25　预制外墙就位与斜撑架设

图 9-26 预制楼梯吊装与成品保护

图 9-27 预制叠合板吊装

图 9-28 轻质隔墙

图 9-29 外立面

9.2.5 项目特色

该项目具有以下特色：

1. 标准化模块，多样化组合

该项目采用一个标准户型模块、一个标准厨房模块、一个标准卫生间模块进行组合拼装，能在标准户型模块中实现空间的可变。采用模数化、标准化、通用化、少规格、多组合的设计思路，降低了成本、提高了效率。

2. 主体结构装配化

该项目的主体结构采用装配式混凝土剪力墙结构体系，外围剪力墙采用预制夹心保温外墙板，楼板采用钢筋桁架叠合楼板，阳台板采用预制叠合阳台板，楼梯采用预制混凝土梯段板，整体预制率达到 33%。

3. 围护结构成品化

该项目的内填充墙采用陶粒混凝土轻质墙板，装配率达 100%。

4. 内装部品预制化

该项目采用装配式栏杆、成品套装门，装配率达 100%；采用整体橱柜系统、整体收纳系统、成品木地板、成品踢脚板、集成顶棚，显著提高了施工效率。

5. 设计、施工、运营信息化

装配式建筑必须进行精细化设计，包括节点设计、连接方法、设备管线空间模拟安装等在内的工作，可通过 BIM 技术实现构件的预装配和模拟施工，从而指导现场的精细化施工，进而实现项目后期管理运营的智能化。

思考与练习

9.1 请同学们搜集自己了解的采用装配式结构体系的工程相关资料，从关键技术应用、计算分析方法和经济性评价指标等方面与本章的工程案例进行比较分析。

9.2 请同学们查阅资料，选择一种与本章案例不同的装配式结构体系或虽是同一结构体系但具有不同技术特点的工程，从结构设计和分析、关键技术应用和经济性评价指标等方面进行介绍。

参 考 文 献

[1] 吴刚,潘金龙. 装配式建筑 [M]. 北京:中国建筑工业出版社,2018.

[2] 陈卫平. 装配式混凝土结构工程施工技术与管理 [M]. 北京:中国电力出版社,2019.

[3] 郭学明. 装配式建筑概论 [M]. 北京:机械工业出版社,2018.

[4] 上海市城市建设工程学校. 装配式混凝土建筑结构施工 [M]. 上海:同济大学出版社,2016.

[5] 崔瑶,范新海. 装配式混凝土结构 [M]. 北京:中国建筑工业出版社,2016.